L'Empire des Signes

符號帝國

Roland Barthes

羅蘭・巴特

詹偉雄 導讀
江灝 譯

目錄

【總序】

「時代感」總序

——李明璁

謝謝你翻開這本書。

身處媒介無所不在的時代，無數資訊飛速穿梭於你我之際，能暫停片刻，閱覽沉思，是何等難得的相遇機緣。

因為感到興趣，想要一窺究竟。面對知識，無論是未知的好奇或已知的重探，都是改變自身或世界的出發原點。

而所有的「出發」，都涵蓋兩個必要動作：先是確認此時此地的所在，然後據此指引前進的方向。

那麼，我們現在身處何處？

在深陷瓶頸的政經困局裡？在頻繁流動的身心狀態中？處於恐慌不安的集體焦慮？亦或感官開放的個人愉悅？有著紛雜混血的世界想像？還是單純素樸的地方情懷？答案不是非此即彼，必然兩者皆有。

你我站立的座標，總是由兩條矛盾的軸線所劃定。

比如，我們看似有了民主，但以代議選舉為核心運作的「民主」卻綁架了民主；看似有了自由，但放任資本集中與壟斷的「自由」卻打折了自由；看似有了平等，但潛移默化的文化偏見和層疊交錯的社會歧視，不斷嘲諷著各種要求平等的法治。我們什麼都擁有，卻也什麼都不足。

這是台灣或華人社會獨有的存在樣態嗎？或許有人會說：此乃肇因於「民族性」；但其實，遠方的國度和歷史也經常可見類似的衝突情境，於是又有人說：這是普同的「人性」使然。然而這些本質化、神祕化的解釋，都難以真確定位問題。

實事求是的脈絡化，就能給出答案。

這便是「出發」的首要準備。也是這個名為「時代感」書系的第一層工作：藉由重新審視各方經典著作所蘊藏的深刻省思、廣博考察、從而明確回答「我輩身處何處」。諸位思想巨人以其溫柔的眼眸，感性同理個體際遇，同時以其犀利筆尖理性剖析集體處境。他們立基於彼時彼地的現實條件，擲地有聲的書寫至今依然反覆迴響，協助著我們突破迷霧，確認自身方位。

據此可以追問：我們如何前進？

新聞輿論每日診斷社會新病徵，乍看似乎提供即時藥方。然而關於「我們未來朝向何處」的媒介話語，卻如棉花糖製造機裡不斷滾出的團絮，黏稠飄浮，占據空間卻沒有重量。於是表面嘈雜的話題不斷，深入累積的議題有限。大家原地踏步。

這成了一種自我損耗，也因此造就集體的想像力匱乏。無力改變環境的人們，轉而追求各種「幸福」體驗，把感官托付給商品，讓個性服膺於消費。從此人生好自為之，世界如何與我無關；卻不知己身之命運，始終深繫於這死結難解的社會。

「時代感」的第二項任務，就是要正面迎向這些集體的徒勞與自我的錯置。

據此期許，透過經典重譯，我們所做的不僅是語言層次的嚴謹翻譯（包括鉅細靡遺的譯注），更具意義和挑戰的任務，是進行跨時空的、社會層次的轉譯。這勢必是一個高難度的工作，要把過去「在當時、那個社會條件中指向著未來」的傳世作品，聯結至「在此刻、這個社會脈絡裡想像著未來」的行動思考。

面朝世界的在地化，就能找出方向。

每一本「時代感」系列的選書，於是都有一篇紮實深刻、篇幅宏大的精彩導讀。每一位導讀者，作為關注台灣與華人社會的知識人，他們的闡釋並非虛吊書袋的學院炫技，而是對著大眾詳實述說：「為什麼此時此地，我們必須重讀這本著作；而我們又可以從中獲得哪些定位自身、朝向未來的重要線索？」

　　如果你相信手機的滑動不會取代書本的翻閱，你感覺臉書的按讚無法滿足生命的想望，或許這一趟緩慢的時代感閱讀，像是冷靜的思辨溝通，也像是熱情的行動提案。它帶領我們，超越這個資訊賞味期限轉瞬即過的空虛時代，從消逝的昨日聯結新生的明天，從書頁的一隅航向世界的無垠。

　　歡迎你，我們一起出發。

【導讀】

使用羅蘭・巴特

——詹偉雄

文學的挑戰是：這作品如何關注我們、驚嚇我們、充填我們。[1]

文學像是磷，即將死去之際會散發最大光輝。[2]

一九八〇年二月二十四日，羅蘭・巴特（Roland Barthes）開著他的紅色金龜車，到巴黎郊外機場迎接同母異父的弟弟與弟媳，他們剛從以色列返國。母親過世後，巴特與弟弟關係更加熱絡，這天晚上，他請夫妻倆吃晚飯，也邀了巴特好友們。

陪同巴特的好友回憶：這些日子他十分苦惱，甚或有點慍怒，因為隔天他要參加一個中午聚餐，由法國社會黨總書記密特朗（François Mitterrand）委託文化圈聞人雅克朗（Jack Mathieu Émile Lang）[3]所舉辦，目的是邀集巴黎知名知識分子們為密特朗參選法國總統背書；他有點後悔接受邀請，寫作《神話學》的作者當然討厭迎合別人的社交故事去陪笑，更別說有時還得隨聲附和。

晚餐前，他對隔日的午餐之約十分躊躇，為自己卜了一個易經的卦，結果是第二十三

1 引自Jonathan Culler, *Barthes: A Very Short Introduction* (Oxford University Press, 2002), p.76.

2 Roland Barthes, 'Writing Degree Zero', *A Roland Barthes Reader*, ed. Susan Sontag (Vintage, 2000), p.51.

3 一九八〇年密特朗當選法國總統後，雅克朗出任文化部長。

卦的剝卦，「那是張全面崩裂的牌，告訴他最好不要外出」，朋友回憶[4]。

但巴特還是準時出席了，當年餐會的其他人都沒留意這位巴黎最慧黠的演說家曾說過什麼話。他早早離開，前往法蘭西學院的辦公室，他的朋友們咸認是剛剛的不開心，使他在下午三點四十五分，徒步穿越學院路四十四號門前的馬路時，沒看見右方疾駛而來的一輛洗衣店貨車。

他被緊急送到Pitié-Salpêtrière醫院，一個月後，巴特於此辭世，他的最後一份文稿，有關他喜愛的作家斯湯達爾（Stendhal），安靜地躺在桌上，題名：〈一位總是說不出所愛事物的人〉。

三年前引介巴特進入法蘭西學院的米歇爾・傅柯（Michel Foucault），在他對同僚們的公開悼詞中這麼說：「你們知道，你們選擇了一位罕見地平衡知性與創意的人；你們選擇了——你們都知道的——某個具備矛盾能力的人，他在明瞭事物是何種面貌的同時，就已經運用超凡的創造力發明了它們。……他的課，……與其說是一場演講，不如說是一種體驗。[5]」

不難想見，傅柯的話語，是叩響著聽眾心中對巴特生前那幾本跨文類著作的驚奇懷念：副題「關於攝影的筆記」，卻瀰漫著憂傷與死亡陰影的抒情論文集《明室》（一九八

○）、解構歌德《少年維特煩惱》中的情愛敘事卻加上露骨作者自剖的《戀人絮語》（一九七七）、混淆敘事觀點的訪談自傳《羅蘭・巴特論羅蘭・巴特》（一九七五）、以警句斷片打破結構且三不五時引入性愛隱喻的文學評論集《文本的愉悅》（一九七三）；或者，更早些，那篇標題駭人的宣言式論文〈作者之死〉（一九六八），從形式上看，確實，這些都是矛盾的作品，也確實，都在告訴讀者某些事物面貌的同時，又重新發明了它們。

然而，聽巴特的一場演講，或者讀巴特的一篇文，開始等同於一種體驗、一場飽含刻骨銘心效果的身體之經驗，應該是從《符號帝國》（一九七〇）開始。

在這之前，《寫作的零度》（一九五三）、《歷史學家Michelet與其自身》（一九五四）、《神話學》（一九五七）、《符號學原理》（一九六四）等著作已將巴特帶上了法國知識分子的輝耀舞台（一張由Maurice Henry所畫、刊登於《文學雙週》雜誌的漫畫，就將他和傅柯、拉康（Jacques-Marie-Émile Lacan）與李維斯陀（Claude Lévi-Strauss）並列，明示著

---

4 Hervé Algalarrondo, *Les Dernier Jours de Rolabd B.* 中譯本：《羅蘭・巴爾特最後的日子》，懷寧譯（中國人民大學出版社，二〇一二），頁二六〇。

5 Michel Foucault, 'Roland Barthes (12 November 1915–26 March 1980)', *Critical Essays on Roland Barthes*, ed. Diana Knight (G. K. Hall, 2000), p.121.

結構主義四重奏的首腦身分[6]），但這些早期的寫作或具備旁觀者的透視冷眼、或組建著一種理性森嚴的演繹體系，「作者巴特」隱而未顯，如果沒有《符號帝國》以為中介，任何人恐難以辨識《符號學原理》與《戀人絮語》的作者會是同一個羅蘭・巴特。

從作品的系譜看，可以合理推斷：如果不是因為車禍，《明室》後的巴特可能會創作出第三種作品星系，也許是他挑戰普魯斯特敘事里程碑的新小說[7]，或者是他基於喪母情懷所寫就的新散文——《明室》即屬此類，由最深的知性與無從救贖的傷痛所造就；但往前逆溯一點，說《符號帝國》是座分水嶺，區隔著前三分之一「分析學者型」的巴特，與三分之二中段「先鋒書寫者」的巴特，當屬準確，光看書的形式就可見一二：從《符號帝國》開始，「斷片」式短文的群舞取代長篇大論（「不連貫至少比扭曲的秩序來得好」[8]），同時書中開始有照片、私人字條、書法、作者的畫作、小器物……，為閱讀產生一種抒情的肌理，巴特為圖片書寫的圖說，往往能激起讀者「作者式」的閱讀興味（例如他為自己一張孩時照片所寫：「我開始走路，普魯斯特還活者，剛寫完《追憶逝水年華》[9]」），《戀人絮語》雖無影像，但其標題與引言都明顯地激發影像，召喚想像。

大抵可這麼說：《符號帝國》後的巴特，開始將寫作的主體和客體合而為一，他的「書寫」不僅要講述他想闡明的意旨，也同時就是意旨本身，換言之，當他要告訴讀者：

「愉悅」（pleasure）太普通，你應該追求「狂喜」（jouissance）之時[10]，他此刻就必須「寫出狂喜」來。

「我」，你說而且你驕傲於這個詞眼，但是，更偉大的事物——你不願相信的——其實是你的身體，它有巨大的才智，它不說「我」，它執行「我」（performs 'I'）！[11]

《符號帝國》書寫的對象是日本，包羅著二十六篇短小的散文，對應著巴特一九六六

6 見網頁 *http://global-ejournal.org/2009/08/11/what-20th-century-theorists-have-to-say-about-our-world-today/*，亦可見Roland Barthes, *Roland Barthes by Roland Barthes,* (Farrar, Straus and Giroux, 1977), p.146.

7 多位羅蘭・巴特友人的轉述，見《羅蘭・巴爾特最後的日子》。

8 Roland Barthes, *Roland Barthes by Roland Barthes*, p.93.

9 ibid., p.25.

10 Roland Barthes, *The Pleasure of the Text* (Hill and Wang, 1975), pp.4~5.

11 Friedrich Nietzsche, 引自Martin Jay, 'Roland Barthes and the Tricks of Experience', *The Yale Journal of Criticism*, (vol14, no2, 2001), pp.469~476.

至六八年三次的日本旅行，雖然巴特因旅行而寫作了這本書，但它卻完全不是一本遊記，沒有可供讀者參照的旅行景點探訪，缺乏政治、經濟、社會的觀察分析，當然也沒有旅行文學的啟蒙老梗（我／出發↓失去我／旅程↓完成新我／歸來）。巴特在第一篇〈遠方〉中就坦承，他無意去寫一個真實的日本，相反地，是「日本將作者推入寫作情境」，在對日本禪的領略裡，巴特體認到書寫就是一種「開悟」（*satori*），「是一種頗為強烈的震盪，搖撼知識及主體：它創造一種不言之境（an emptiness of language）」（頁六六），這種脫離西方語言特徵的書寫，掏空了物件的意義，卻反而讓物飽含著單純的魅力，是這種照耀著他的繽紛光華，促使作者嘗試以一種「開悟」的理解，模擬著禪，來書寫他旅次所見的庭園、姿態、房舍、花束、臉孔、暴力。

二十六篇短文，切入的是日本的文化生活，從語言、食物、柏青哥、包裝、手繪地圖、木偶劇、鞠躬、文具、身體、俳句、筷子、身體、市中心到匪夷所思的眼瞼、「這樣」（日語*So*）和車站。

單從閱讀的過程觀察，巴特要求讀者參與的，是一種「作者式」而非「讀者式」的閱讀[12]，《符號帝國》沒有隱約共識的寫作套路、沒有預期中起承轉合的理解階梯，更無結論或啟示，讀者必須化身為作者，在閱讀的過程中「艱險」地建立起自身的況味。因而，尋常讀者往往會覺得意義不明，即便某些段落具有著淋漓盡致的閱讀快感，但習慣了傳統閱讀方式的中文讀者總會問：我讀到了什麼？在讀與非讀之間，我因它而改變了什麼？

有幾種分析的工具和策略，也許可協助有志於「作者式」閱讀的讀者，把握住一九七〇年《符號帝國》出版時巴特的寫作旨意：

其一，是對巴特慣用的符號學術語：「符號」（sign）、「符徵」（signifier）、「符旨」（signified），以及相應的「外延意義」（denotation）和「內涵意義」（connotation）作一個簡單的溯源理解。

依據索緒爾（Ferdinand de Saussure）對符號的定義，一個符號（簡寫 Sn）包含兩個部分：符徵（簡寫 Sr）與符旨（簡寫 Sd）。符徵，多半有個形式，可供人們看、觸、聽、嗅……以為察覺；符旨是符徵所代表的對象，通常是一個理念，或心智對某個事物所作的評價與建構，但並非事物本身；舉例而言，BMW 圓形 logo 代表一家德國車的品牌，不是水泥頂蓋罩著生產線的車廠。

隨著現代社會裡訊息傳播的複雜化，符號的運用在我們身邊比比皆是，但巴特卻指

---

12 Roland Barthes, *S/Z* (Hill and Wang, 1974), p.5.

出：看似中性與中立的符號運作，卻充滿了權力階層的印記，其中主要的機制，就是在符號的外延與內涵意義的過渡間，隱密地安插一個武斷、符合有權者利益的評價，繼而透過大眾媒介的操作，把此一人為的痕跡抹除，加以自然化。

什麼是外延意義，就是符旨與符徵間最直接的指涉，$Sn_1=Sd_1/Sr_1$，以BMW logo（Sr_1）為例，它最直接的指涉就是BMW品牌（Sd_1），而它的符號外延意義最多也是一部由德國BMW車廠所生產的汽車（Sn_1）；但作為內涵意義，「BMW汽車」（Sn_1）卻被塑造成為「有個性之成功男人的座駕」（Sd_2），於此，「競爭與權力」（Sn_2）成了內涵意義（$Sn_2=Sd_2/Sn_1$），第一層的外延意義成為第二層內涵意義的符徵，以此類推，符號可不斷地一層一層地加總其內涵意義，整個社會因而成為一個巨大的「神話體系」，巴特早年的著作《神話學》，即是專注於拆解這些人們習焉未察的符號，揭露其隱藏的權力意圖[13]。

其二，關於「書寫」與「閱讀」、「作者式」（writerly）與「讀者式」（readerly）閱讀的辯證關係。巴特雖然在〈作者之死〉[14]裡強調文本意義的產生不再來自於作者，人們不應再於作品中追本溯源，找尋神聖作者所埋藏的意義祕密，而應倒過來，將注意力放在（不同文化背景的）讀者與文本間所進行的創造性對話之上。然而，這個「讀者至上」立論的關鍵卻是在於「讀者化身為另一個作者」，在於讀者孜孜不倦地進行著如作者般的勞動，「書寫者」在文本歷史中的退位，對比的卻是「書寫」在人類自身歷史中的崛起，是個人要擺脫大眾社會庸見束縛、實現主體性的唯一策略。

據此，社會中的語言便成為巴特眼中的大敵，「作為語言結構之運用的語言，既不是反動的也不是進步的，它不折不扣地是法西斯的。因為法西斯主義並不阻止人說話，而是強迫人說話[15]」。書寫者必須以語言來寫作，命定是語言的僕役，他只能運用語言裡的字詞，因此也就不得不喚醒沉睡的「惡魔」——語言中所含蘊的各種成規、權力馴化和道德教條，這些惡勢力既來自於歷史，也來自於當下各個權力集團的掌控與操作，身為追求終極自由的書寫者，念茲在茲的即是：一個文本是由語言所構成的，它如何得以置身於語言之外？

在一九七七年巴特於法蘭西學院的就職演說中，他曾經如此闡釋語言作為對手的巨大無朋，以及文學（由書寫者組成）的神聖使命：

---

13 Roland Barthes, *Mythology* (Hill and Wang, 1972), pp.109-42.
14 Roland Barthes, *Image-Music-Text* (Hill and Wang, 1977), pp.142-48.
15 Roland Barthes, 'Inaugural Lecture', *A Roland Barthes Reader*, ed. Susan Sontag (Vintage, 2000), p.461.

> 語言中必然出現兩個範疇：斷定的權威性和重複的群體性。……符號是追隨者、合群者，在每個符號中都隱藏著一個惡魔：刻板型式（stereotype）。我只能通過聚集那些在語言結構中閒蕩著的符號來說話。每當我說話時，這兩個範疇都在我心中同時動作，我既是主人又是奴僕。我不滿足於重複已經說過的東西，不滿足於安然地為符號所奴役；我說話，我斷言，我反駁著我所重複的東西。……
>
> 對我們這些既非信仰的騎士又非超人的凡夫俗子來說，唯一可作的選擇仍然是（如果我可以這樣說的話）用語言來弄虛做假或對語言弄虛做假。這種有益的弄虛做假、這種躲躲閃閃、這種輝煌的欺騙，使我們得以在權勢之外來理解語言，在語言永久革命的光輝燦爛之中來理解語言。我願把這種弄虛做假（trickery）稱作文學[16]。

對於解構神話的老手巴特而言，他了然於胸的是：文學中的自由力量並不取決於作家的儒雅風度，也不來自於他的政治承諾（因為他畢竟只是眾人中的一員），甚至也不來自於他作品的思想內容，而是取決於他對語言所做的改變，這才是最基進的生活方式。

他曾說：最好的寫作，存在於任何其中字詞「饒有趣味」的文本裡（在法文中「savoir／知識」與「saveur／趣味」字源相同），他舉美食作家裘諾斯基（Curnonsky）

的一句口號作比喻：在炊事中「事物都應具有它們本身的味道（taste）」，對知識來說，一切要想如其所是，就應具有其基本成分——字詞之味（the salt of words）[17]。正是字詞的品味，才使知識深刻和豐富。

在此，容我們再次回顧一下巴特對「作者式」與「讀者式」閱讀的闡釋，就閱讀方法而言，「讀者式」文本的讀者依循大眾閱讀的潛規則，順利地把作品讀完，也獲得了該有的啟示、知曉了謎局的最終答案，因此他獲得了一種「愉悅」；「作者式」文本的讀者，置身於無所憑藉的文本中，他必須冒險犯難，藉著把自己當一個作者，逐步創造出意義來，這種創造行動的末端，則是一種「狂喜」作為酬償。

「讀者式」的文本不把讀者當成能生產意義的主角，讀者只是一個預先被決定的義務接收者而已，因而這類文本比較像是「產品」（product）而非「生產」（production），它們通常來自文學世界裡的大資本商。因而巴特鼓吹「文學作品的目標，……是讓讀者不再只是一個消費者，而能成為一個文本的生產者[18]」。光譜的另一端，「作者式」文本則

---

16 ibid., p.462.
17 ibid., p.464-5.
18 Roland Barthes, *S/Z*, p.4.

擔負著力挽狂瀾的責任：

作者式文本是永恆的當下，沒有任何一種推論語言……可以強加於其上，作者的文本就是我們**自身寫作**，在這原本無限可能的世界受到幾個獨霸的系統（意識形態、種屬分類、文學批評）橫斷、切割、阻斷、定型化——減少參與的多樣性、網絡的開放性、語言的無限性——之前[19]。

理解了兩種閱讀模式的評價後，值得進一步斟酌的是，巴特援用的兩組評價概念：愉悅與狂喜。在法文中，「jouissance」除了具有英文「enjoyment」的意思外，更直接指涉「性交的高潮」，巴特為何使用如此感官享樂的字眼，來指涉閱讀的成果，除了挖苦一神教系統以閱讀實行禁慾修行的傳統外，他更大的戰略思維是什麼？

在一九七〇年的另一篇論文〈音樂練習〉（Musica Practica）中，巴特同樣以兩種音樂欣賞的形式來分類作品：「讓人聆聽的」與「讓人演奏的」，也同樣捨作者而凸顯接收者端的主觀能力，「同一個作曲家，你用聽的，可能覺得他是個小咖，但如果你用演奏的（即便彈得很糟），可能就是個巨咖，譬如舒曼（Robert Alexander Schumann）[20]」，而他在評價兩者之間的差異時，一樣援引了愉悅和狂喜作為對比，不過他在進一步解釋狂喜時，強調了「身體」的作用：是身體在聽音樂，不是靈魂；是身體在演奏音樂，而非心（heart），「身體在控制、指揮、協調，讓自己把它解讀到的轉繹出來，創造出聲音與意義，身體是銘刻者，不單是傳送者或簡單的接收者[21]」。

人生三分之二時期開端的巴特，絕大多數的作品裡，身體與情慾都是敘事的重心，巴特開始和尼采一樣，認為重點不是教導讀者某種特別的事物，而是讓讀者變得大膽、敏捷、敏銳、知性、超然；除此之外，再給予快感[22]。在他的直覺判斷中，人的經驗不單僅屬心智的面向，還深深地涉入存在的身體向度，但和現象學單純地僅把身體寓居於血肉中不同，巴特所謂的「身體」，是一個慾望的身體，渴望與世界和他人產生感官奇遇。研究眾多德、法思想家傳記的美國學者馬汀．傑（Martin Jay）指出：很少作家會像他一樣，大量地與讀者分享自身快感的強度、深層的挫折、慾念的多樣和身體病痛的幅員。更特別

---

19 ibid., p.5

20 Roland Barthes, *Image-Music-Text*, p.149.

21 loc. cit.

22 Susan Sontag, 'Writing Itself: On Roland Barthes', *A Susan Sontag Reader* (Penguin, 1983), p.433.

的是，他對他人的身體具有一種強烈的敏感，巴特常稱之為「身體的紋理」（grain），這見之於他對歌劇歌者聲音的描述、舞者肢體的書寫，甚至於一雙執筆書寫的手之物質化的比喻，「他的讀者是透過一種交歡式的理解（apprehend erotically）來進入他的文本。」[23]

真實生活中，巴特並不是一個性開放的鼓吹者，馬汀・傑指出：巴特之所以採取這樣的寫作策略，是嘗試在已經常規化的法文寫作語境中，打出一片「謎樣空間」（mystic space），這其中，並沒有一個那麼組織化或整合好的寫作主體，相反地，他抵抗所有既成敘事的收編，而讓自己消散在文本中，讀者無法猜透作者要透露那些啟蒙寓意，傳遞那些教誨，僅餘身體可感可受的狂喜快感。巴特的同僚，法國解構學者布希亞就指出：要抵抗父權社會、有效地挑戰宰制論述（它們不斷要求詮釋與意義）中的符號秩序，最為有效的策略是生產「誘惑」（seduction），這種姿態被看作是陰性的，缺乏男子氣概，但卻可在事物的皮像與表層來回摩搓，將所有清晰的意義消融到字詞的自由遊戲中。[24]

如此這般藉著語言無休止的滑溜（slipping and sliding），原本具壓制性的思想體系暫時在此瓦解，文學評論家依格里頓如此評述巴特的寫作：「與其說這樣的文本需要詮釋學，不如說它更需要性愛學（erotics），既然無法將它固著於某個確定的意義，讀者只好舒適地倘佯在符號的挑逗滑翔中，陶醉在靈光一閃的意義之或顯或隱（它之所以浮出是為了再次隱沒）裡。」著迷於符號如此豐富的舞蹈、愉悅於文字本身的肌理，讀者已經不太知道那種透過勾連文本各元素以支撐起一個統一自我的「意圖性快樂」（purposive pleasure）是什麼，反而他更明白自我在作品的糾結之網裡破碎、消散的某種受虐顫慄感受。「閱讀這件事，愈來愈不像是實驗室裡的工作，卻愈來愈像是在閨房」；現代主義的文本不再將讀者還給他自身（亦即將讀者於閱讀過程中對自我所投射出的疑問，於終局時返還），相反地，它在一陣「jouissance」之中，粉碎他或她安全的文化認同，對巴特而言，這情境既是一種閱讀的福分，也是一種性交的高潮。[25]

書寫者的身體，不只能享受或痛苦於某個當下際遇，而且能「召返」（register）逝往許久的事物（他的《明室》可為最佳典範），寫作之為主體性之實踐，亦即將身體中記憶與慾望加以文本化，此際，經驗才緩緩顯露身影。巴特的傳記作家米勒（D. A. Miller）

23 Martin Jay, 'Roland Barthes and the Tricks of Experience', pp.469-476.

24 Baudrillard的觀點，轉引自Marie-Paule Ha, 'Another Barthes', *Roland Barthes* V.4, ed. Neil Badmington (Routledge, 2000), pp.186-209, p.201.

25 此處伊葛里頓對巴特的分析，參見Terry Eagleton, *Literary Theory: An Introduction* (University of Minnesota Press, 1996), pp.71-2.

指出，對晚年巴特而言，只有那些時斷時續、多樣雜沓、暴力、竭盡等的越軌效果，加諸於書寫者身上所產生的書寫，他才稱之為「文本」（Text）[26]。

有了這些概念工具，《符號帝國》的輪廓逐漸浮凸，這本小書不是一本遊記，而是巴特在日本的身體書寫，這個書寫當然有一個假想敵：法國所代表的西方啟蒙社會；《符號帝國》的書名，暗示了最大的性高潮，巴特書寫的日本，是一個符號追求符號的王國，但與祖國不同的是：它的內涵全然是符徵與符徵間的嬉戲和挑逗，沒有強大的終極符旨來錨定意義，這一事物們紛紛回到繽紛、無拘束的原始狀態，深深地撼動了巴特，是以命名為「符號帝國」。

這就是符號帝國嗎？是的，如果我們認為這些符號是空的，儀式裡也沒有神祉，那就是了。

（頁二一四）

一九七五年，《符號帝國》已出版多時，羅蘭．巴特接受一家媒體訪問時，說這本小書是他最喜愛的兩本自身著作之一（另一本是《歷史學家Michelet與其自身》），而且是在一種快樂的狀態下完成的，「關於《符號帝國》，當我寫那本書時，我感到一種毫無焦慮、澄明純淨的愉悅，……換言之，這種快樂跟性的快樂有關，我在日本發現的，比在其他地方都多。我認為我把這兩件事放在一起是對的。[27]」

到底是什麼樣的快樂呢？六〇年代末三訪日本的巴特，當時已是享有盛名的符號學者，然而他並不領情社會給他的盛名，甚而引以為苦（尤其是媒體請他來解謎一下社會現象之時），在旁觀者的眼中，巴特文學人格中一以貫之的面向，就是「難以取悅」（fastidiousness），巴黎文學評論家傑哈·簡奈特（Gerard Genette）曾分析：從源起和操作的原則看，巴特的符號學「來自一個著迷於符號的人，也毫無疑問，這著迷是在一種排他的分際中發展[28]」，如同福婁拜（Gustave Flaubert）和波特萊爾（Charles Baudelaire）一樣，本質上，這是一種曖昧的熱情，也就是說面對愈頑強的對手，他們的戰鬥意志就愈

---

26 轉引自Martin Jay, 'Roland Barthes and the Tricks of Experience'.

27 Roland Barthes, *The Grain of the Voice: Interviews 1962-1980* (University of California Press, 1985), pp.228-9.

28 轉引自Peter Brooks, 'From Albert Camus to Roland Barthes', 見《紐約時報》網站：*http://www.nytimes.com/1982/09/12/books/from-albert-camus-to-roland-barthes.html*

堅強、對抗行動更具原創性，而他們共同的恐懼，則是陳腔濫調與重複。

這種排斥表現在哪兒？表面上看，是巴特在《神話學》裡解碼嘲諷的那些身邊事物——小資產階級文化中的廣告、俗艷的劇院景觀、報紙心理諮商專欄、神童故事，也就是那些「過度餵養的意義」（overfed meanings）或是「生病的符號」（diseased signs），「一個已被命名的意義，即是一個死的意義[29]」，他曾這麼說。從符號學的運作觀之，符徵被綁死在特定符旨的意義鎖鏈中，且不斷由外延意義加總到內涵意義，繼而錨定住更多的符號，是大眾消費社會的必然，因為人們總依照「自然化」的慣習行事，鎖定符號的某個武斷指涉（「瘦身」＝「美麗」、「凍齡」＝「進步」、「沒有醜女人只有懶女人」），有助於資本主義的再生產變得更有效率。準此，權力無所不在，它不只銘刻在語言和國家政體中，還包括社會交換裡最精緻的那些機制：時裝、輿論、娛樂、運動、新聞、家庭與私人關係……，巴特籠統地稱呼這些僵死的符號操作為「doxa」：是公眾意見、大多數人的心智、小布爾喬亞們的共識、不證自明的聲音、偏見的暴力[30]。

然而，現世這麼一個「固著化」的社會，是有著它的歷史發展脈絡的，巴特認為這些「規範、意識形態、愚蠢」的起源是西方的一神論文明，綿延將近兩千年，法律控制一切，天父居於俗世生活的中心，因而總有某個最終的符旨攔阻了所有符徵的表意行為，此一父權統治的世界（Fatherland）他稱之為「集權的惡魔[31]」（monster of totality）。

弔詭的是，一神宗教雖然已確定所有符號終極的意義，但卻要求祂的子民透過「追尋意義」的詮釋過程、某種「作自己主人」的幻象，來複製著所有的權力關係，「我們需要無法穿透的事物，以便我們來穿透它。世代相傳，我們是解謎的創造者，詮釋的主體：我們總認為自身知性的任務，就是發現一個意義[32]」。對於所有追求終極自由的現代人而言，固然doxa式的陳腔濫調惹人生厭，但要迴避它們並不難，真正的難題在於對抗西方文明，一個西方書寫者如何能置身於他的語言之外，才是鬥爭重點。

某種程度而言，巴特在《神話學》時期完成的功業，很快地也變成了doxa，因此他現在不再想只是分析符號，而是想「在符號的分解中工作」（work at its 'dislocation'），他在接受Bellour訪問時談到《符號帝國》的起心動念：

---

29 Roland Barthes, *Critical Essays* (Northwestern University Press, 1972), p.268.
30 Roland Barthes, *Roland Barthes by Roland Barthe*, p.47.
31 ibid., p.179.
32 轉引自Marie-Paule Ha, 'Another Barthes', p.200.

最終我這麼說，這些文章是在我生命中的某個特殊點上完成，我感覺到有一種需要，得讓自己完全進入到符徵之中。……現在不再是神話需要被摘下面具（doxa現在正做這事），而是符號本身需要被搖撼；問題不再是揭露一個話語、一種質地、一段敘事的意義，而是裂解那意義的呈現本身；不是改變或純淨化符號，而是挑戰符號本身。[33]

「完全進入到符徵之中」，而卻不要固定的符旨，這也意味著「意義」不再約定俗成，主體得透過與符徵個別的肌膚搓揉、直觀頓悟或咀嚼再三，「作者式」地生產出自己的意義，這個六〇年代末期巴特念茲在茲的烏托邦，終於，落腳在日本。

巴特在一篇一九七四年的文章[34]中指出：什麼是烏托邦文本？它們的主體不是「需要著」（need）而是「欲望著」（desire）；烏托邦文本的書寫者不滿足於僅勾勒可欲的政治或社會秩序，相反的，他們以極盡瘋狂的細節，來描繪欲望世界中的日常生活；而這受描繪的生活，得受新的象徵符號系統所規範的，即便它使用的受詞和標點符號，都隸屬於全新的語意鍊結和圖式系統（syntagmatic and paradigmatic），當然，此一「語言的烏托邦」，就是文學或寫作的本質與任務：一種逃脫語言、文類限制的企圖；寫作一個文本，不只是再現心中所欲望著的對象，而是它自身即應成為欲望的對象。

> 咖啡館裡的公子哥兒，以一種儀式般的動作（既粗魯又陽剛），瞬間打爆熱餐巾紙的塑膠套，然後在喝他的可樂之前，把手擦乾淨：所有這些偶發事件，就是俳句的基本素材。（頁一七二）

在《符號帝國》的法文版封面上，巴特自己書寫了一段介紹文字，是英文版所沒有的：

> 書寫的國度：在作者所知曉的所有國家中，就符號運作而言，日本是最接近他認可與幻想的一個，或你也可如此說：就西方語言政體在他身上激起的厭惡、激怒、拒斥感受而言，日本是最遠離的一個。日本的符號十分強健：被完美地規範、建構與呈現

33 Roland Barthes, *The Grain of the Voice: Interviews 1962-1980*, pp.84-5.

34 轉引自Elisabeth Birk, 'L'orient M'est Indifférent' Roland Barthes' Japan, *Roland Barthes V.4*, ed. Neil Badmington (Routledge, 2000), pp.210-219, p.213.

著，從來不自然化或理性化。日本的符號是空的，在這些符徵的底層，它的符旨逃逸了，沒有上帝、真理與道德，只有符徵主宰一切，**毫無對手**[35]。

於此再過明顯不過，《符號帝國》不是偶然的旅行見聞札記，恰恰相反，這裡的每一花草每一器物，都是有意的選擇，巴特所想要的是建構一個與西方文化可比較的對照系統，正是此一意圖，決定了他要在《符號帝國》中選擇那些特質，要施展何種書寫的姿態：

一、主體的缺席與在場

西方的現代文明，關鍵字即為「主體的生成」，自笛卡爾（René Descartes）揭櫫的「精神／主體 vs. 物質／客體」的二元論後，現代人孜孜不倦的追求意義，解答謎語，欲成為掌控自然的主體，然啟蒙的悖論也在於，如此一來，人們愈要證成自己，卻愈深陷doxa的陷阱，不可自拔。

巴特書寫的《符號帝國》，則無意於這種控制慾的霸權，日本這個「它者」既不想發掘出祕密，也不想找到某種真理，所有在西方文獻裡那種要探究祕密的行動隱喻，在此被替換，代之以單純直接、讓人眩暈的表層遊戲。

譬如西方戲劇在表達作品的「祕密主旨」時，要把表現過程中的人工技法痕跡隱藏起來，觀眾則在暗處窺視，追尋主體，驚嘆不已；但日本的文樂卻是大辣辣的，觀眾在觀看木偶表演時，也看到操偶師穿得一身黑，忙來忙去，「卻不會裝出一副敏捷又謹慎的樣子」（頁一四二），西方戲劇要把「生命」注入演員，方便觀眾挖取，但文樂布偶「毫不模仿人體」，它「平靜、清晰、靈敏、微妙」，讓身體從西方「讓人拜物」的狀態，轉變成單純地「讓人喜愛」（頁一四〇）。

日本人彼此趴下身體，貼在地上不起來的「鞠躬」，沒有主體與客體之分，「禮貌取代了宗教」，西方敬禮則是「費心觀察、高傲垂憐、謹慎提防」，主體的宗教仍然大權在握（頁一五〇）；西方都市皆有一個中心區，它們「滿載意義，每一個都是真理的場所（教堂、銀行、辦公廳、百貨公司）」，東京也的確擁有一個中心，但中心卻是空的，裡頭居住的是天皇，但卻「無人得見」，日本人「將那神聖的『空無一物』隱藏起來。……其存在不是為了炫耀權力，而是為了讓所有的都市活動能夠去支撐那種空無的中心特性」（頁一〇三）；同樣的去中心化概念也見於日本的擺盤料理，巴特比喻日本餐盤像是塊美

35 轉引自Marie-Paule Ha, 'Another Barthes', p.190. 粗體字為巴特原文。

術設計師的調色盤：

你在用餐過程中邊吃邊玩、東弄西弄，這裡夾點菜，那裡挖點飯，這裡沾點醬，那裡又喝口湯，好似一位美術設計師……，面對一場碗碟的遊戲，心中既篤定，又游移不決。……不像在我們這邊，製作食物時很低調、不欲人知，……（菜餚先在廚房裡精心準備，隔門擋著，變成一個祕密房間，……全部打點好才端出來）。（頁七八）

所有的日本菜餚都沒有一個中心（西方菜裡都會設計一個中心，像儀式一般）。（頁八八）

又或者，西方人的房子裡到處放滿陳設，「他有扶手椅、有床，他是居家空間的擁有者」，然日本人的家，家具全數闕如，「內部空蕩蕩」，沒有東西可讓身體成為空間的主人，即使把空間倒過來看，也全然無異。（頁二一五）

當作為中心意義賦予者角色的「主體」不見了，西方符號運作背後的基礎平台也就拆解了，在此，內心與外表、操偶師與木偶、有生命與無生命、市中心與邊陲、內容與形式、主體與客體不再對立，從符號運用的效果看，符徵恢復到一種沒有人工添加物的原初狀態，連帶地，書寫者也呼吸到自由的空氣，他在一個個神采奕奕、新鮮活潑的符徵間倘佯、玩味、取捨，他的欲望因為這種「空無」而高漲起來。

二、意義的無所不在與掏空

在日本文化事物中，巴特最讚賞的莫過於俳句，對於俳句，巴特說：

> 一種由衷的讚賞，亦即，對它的形式，有一種由衷的欲望。如果我想要寫作一些別的東西，其中一些肯定會依循著俳句的律則。俳句……的特徵是它的褪光性（matteness），它不會產生感覺（no sense），但同時它絕不是胡扯（not nonsense）[36]。

巴特在進行文學評論時，最喜愛引用的一個隱喻是奧菲斯（Orpheus）與其妻子尤莉蒂絲（Euridice）的神話故事：太陽神之子奧菲斯擅長琴藝，其琴聲不僅能撫平怒火中燒之人，並能吸引飛禽走獸駐足聆聽，他的妻子尤莉蒂絲因閃躲莽漢挑情，不小心遭毒蛇襲

---

36 Roland Barthes, *The Grain of the Voice: Interviews 1962-1980*, p.211.

擊，命喪黃泉，奧菲斯為了讓愛妻死而復生，決定親赴冥府，期望能將愛妻帶回陽間，陰間路上眾守門皆為他的琴聲感動，連冥王都動容破例，條件是他帶她返回人間路上，不得回頭看望，否則將永世不返。一路眼看即將成功，但奧菲斯終忍不住思念而於冥界交界之處回頭，尤莉蒂絲瞬時墜落，永遠消失。巴特指出這個故事引人之處在於：符徵（Orpheus）總是回頭尋找符旨（Eurydice），而彼處的符旨卻空無一物，這種空與失落非但不會產生失望，反而是欲望和書寫的起點，「為了成為被打造的符號，它們削減了意義」。（頁一九二）

在西方的世界裡，現代人不斷追求符徵背後所代表的意義，意義也無所不在，這種對意義的渴望來自一神論宗教，而為現世的商業社會所廣為運用，巴特早已證明，西方符號中意義被賦予的過程充滿著武斷與蠻橫，符旨綑綁了符徵，使符徵的活力消失，因而他必須撼動符號，如同他所說的：當代人的時代任務「是贏過符旨、贏過父權、贏過壓迫者，我不是說爆破它，而是說贏過（outplay）它[37]」：這是一樁偉大的功業，他在《作者之死》中宣稱：「拒絕賦予文本一個固定的意義，也就代表拒斥上帝，以及所有祂的基礎建構—理性、科學、律法[38]」。而「空無」或「掏空」，既是一位有責任感之符號學者的奮鬥目標，也是一位書寫者開展自我的伸展台，他來到日本，驚覺烏托邦竟然活生生在此，他嚮往之，也模擬之。

對巴特來說，「日本」在他桌前緩緩敞開自己，就像是一個多層、美麗包裝的盒子，層層拆開，其中卻空無一物。「空」正是巴特要書寫的，日本是個中空的國家，沒有西方思想裡氾濫的二元對立關係、沒有核心、沒有內容；文化，大略而言，則是各種姿態的美學。他的快樂可想而知：日本之旅，看起來像是由一個壓迫感處處的知覺本質論世界，進入一個非知性化的零度思想之國度，在此，一切直觀，符號快意地飛舞，不需要內容，沒有壓力。

> 「西方將一切事物沉浸在意義之中，就像一門獨霸的宗教，強迫全體人民受洗（頁一五五）」；「俳句雖然簡單易讀，卻什麼也沒說，……有如一位熱情有禮的主人，帶給你賓至如歸之感，你可完全保有你自身的癖好、價值觀、象徵意義。……俳句認為，你有權寫一些瑣碎、短小、平凡無奇的東西，把你的見聞、感觸封存在語詞的纖細世

---

37 Susan Sontag, 'Writing Itself: On Roland Barthes', *A Susan Sontag Reader*, p.442.

38 Roland Barthes, *Image-Music-Text* (Hill and Wang, 1977), p.147.

界之中吧。」(頁一五三)

這樣的「空」,非僅止於意義掏空之後的「空間之空」,它也邀請著一種「在空中思想」的生命實踐,亦即「開悟」,相較西方暴力式的探究,這是一種溫和且開放的求知方式。西方對文本意義的探求,是透過「刺探」的方式,亦即藉由破壞而進入意義(揭櫫「我思固我在」的笛卡爾,既是哲學家也是一位解剖外科醫師),但巴特指出,俳句無法透過這種方式來取得意義,面對俳句是要「搖動它」、「抖落它」,如同禪修者面對公案那樣,採取一種反覆咀嚼牙齒掉落、思辨荒謬事物時的態度,也就是「懸擱語言,而不是去挑釁它」(頁一五八)。

俳句的運作,是透過一種「平面」(flat)的語言運作,在意義的多層次結構(或可稱「符號積板」)中,拿掉基礎的底層,參禪者面對公案,各種答案都是答案,也都不是答案,因俳句的整體「是一張鑲滿珠寶的網,在這張網上面,每一顆珠寶都反射出其他珠寶的光芒,珠珠相映無窮盡,永遠沒有一個中心可以抓得住」(頁一六七),沒有作為中心的符旨,意義便取決於那個參禪者的領悟。巴特十分傾倒「頓悟」對書寫的啟示,這「語言突如其來、令人惶恐的中止」(頁一六二)騰出了一片留白,而這道空白恰如其分地抹除了符旨對言說者的控制，粉碎了構成書寫者人格的內在頌音，換言之，在人們傻住的那一剎那，卻是自由的最高境界，他引述一位禪宗大師的話語：「當你走路時，盡情地走路。當你坐著的時候，盡情地坐著。切記，勿遲疑」（頁一七二），十足地說明了這種自在。

三、身體的壓抑與解放

在卡維（Louis-Jean Calvet）寫作的巴特傳記[39]中，記錄著巴特對《符號帝國》的洶湧回憶，他坦承：在日本旅行以及寫作這個文本，都讓他體驗到一種快感，「它強烈、完整、既原始又細膩。自從我深信欲望（desire）是寫作中最重要的事，我可以說，在寫作日本中，我完成了寫作的任務，也就是滿足了一種欲望」。他自己明白，這個文本呈現了與他所有早先作品的鮮明斷裂，「這是因為——也許是第一次——我全然地進入了符徵的遊戲中」。

之前有述：「作者式」文本的可貴，或「作者之死」，皆來自讀者越界成為作者，但作者呢，巴特曾如此勾勒作者：作家是他自我的代表者，但在被寫下來定型前，這個自我

39 Louis-Jean Calvet, *Roland Barthes: A Biography* (Polity Press, 1994), p.181.

是在不斷地脫逸中，因為心靈永遠是要掙脫教條的束縛的，「一個故事中，裡面的那個發話者，並不是那個寫故事的人，而那個寫作者寫完後，也不再是他自己。[40]」

寫作因而是稍縱即逝、靈光一閃的工作，它的起點和終點都是作家的身體。《符號帝國》中最精彩的巴特書寫，乃是日本日常生活的點點滴滴，穿越巴特透鏡，而成為誘人可口的新事物，這些所謂的「存在之圖像模式」（graphic mode of existing，筷子、清湯、名片上的手繪地圖、眼瞼、毛筆、水墨……）之所以清新、心神蕩漾、性感、殊秀，得歸因於巴特的身體「通」過這些事物，與其說巴特捕捉了事物，不如說他和這些事物有了身體的交歡，沒有如此，這些文字便沒有誘惑，以他捕捉「插花」這件靜物為例：

……我們可以移動身體，鑽到枝葉間隙、高低不一的透空縫隙中去看，不是為了閱讀它……，而是為了追蹤插好這束花的那隻手所留下的痕跡……，為了不讓我們的閱讀變成一種單純解讀訊息的形式……，乾脆讓我們去重複一遍書寫的過程。（頁一一八）

這一段敘事，沒有象徵，完全直白，讀者知道作者曲伸自己的體態，以求進入插花者離去前的時間與空間，揣摩那隻手緩緩拿捏的軌跡，甚而可懷想氣味和姿色，讀者此刻也想起身充當作者，嘗試捕捉遺落的細節，但那前任作者卻早已離去。

透過身體而寫作，可以使作者時時維持著差異，因為身體僅有一個，無從閃躲也無所超越，注定與他人不同，身體那真實的感受當下迸發，抖落字句，可遠遠躲開語言句庫裡的陳規和舊俗。然而，書寫者的身體不僅僅瞄準那高昂興奮的極限體驗，身體也具有深刻的歷史性，瞑記著所有已逝去了的苦痛，巴特曾說過一個體驗，當他重讀湯瑪斯曼的小說《魔山》，發現一戰前的主角漢斯和二戰中的他一樣得到肺結核時，他的身體感受到一陣震撼，因為這種病痛把他的身體拉回二十年前，他感覺：「『我的身體』比『我』老得多」[41]。《符號帝國》當然也召喚這樣的記憶，譬如他說「筷子」：

---

40 Roland Barthes, 'An Introduction to the Structural Analysis of Narrative', *New Literary History*: *On Narrative and Narratives* (vol.6, no.2, winter, 1975), pp. 237-272, p.261. 原文英文為：The one *who speaks* (in the narratives) is not the one *who writes*(in real life), and the one *who writes* is not the one who is.

41 Roland Barthes, 'Inaugural Lecture', *A Roland Barthes Reader*, p.478.

從頭到尾，食物所承受的最大的壓力只夠用來夾起它、移動它，筷子使用時的動作，因其木頭或漆的材質而更顯輕柔，這裡頭有一種溫柔的質感，甚至是某種收斂，分寸拿捏恰到好處，正是用來抱小孩的那股力道：這是一股力量，不是一股衝動。…………這種用具從來不會去刺、切、割或傷害，而是用來挑揀、翻動、移動，……不會像我們的餐具那樣切割或戳刺它，從不暴力對待食物，……使用筷子之後，食物不再是暴力之下的獵物（像我們為了吃肉對獵物窮追不捨），而成了和諧傳遞的物質。（頁八四）

巴特在一九七〇年寫過這段的文字，似乎早早地預示著日後《明室》的出現，那張出現在《羅蘭．巴特論羅蘭．巴特》之中，母親抱著小巴特的依偎照片（圖說：愛的渴求），更恰當地為巴特在日本餐桌上的這個深情發現，下了個註腳。巴特對西方父權社會的反感，不僅是理念上的針鋒相對，也是身體上的（他曾用措辭強烈的法文「令人作嘔」（*ad nauseam*）稱之[42]），他也許沒有一位像傅柯爸爸那樣的醫生父親，執意要兒子觀看截肢手術以鍛鍊男子氣概，導致兒子長大後閹割掉父姓，但他的同志認同與身分，理所當然地對七〇年代瀰漫法國社會的「男子氣概」風潮，感到由衷地嫌惡，除了在日常生活中力行一種dandy的生活風格之外，他援引日本此一異國語言與異文化中多種「母性」的象徵，似乎有著一種急切和渴望，想要在那的話語中，探測主體未曾察覺的新位置，進入一種不可解譯的新世界，「直到我們內在的西方性步履蹣跚，且父權語言開始顫抖」（頁六八）——在此，連巴特的咀咒都是令人身體可感的。

將事物做某種程度的類比，以為題旨的呼應，對於符號學家應是駕輕就熟之事，但《符號帝國》中的巴特，以身體各類感官經驗所白描的畫面，卻少有給出答案，如果有，那也是回到「空無」，例如他寫米飯：

> 熟米……它聚合在一起，又可以分離……往下沉落，而非四處浮動；在這幅畫面中驅遣著一片緊密的、顆粒狀的……卻輕鬆易碎的白：端上桌的米飯，緊緊黏在一起，兩根筷子一夾就散開了。但它並非完全解體，筷子分開它，似乎只是產生另一塊無法減少、分割的聚合體。」（頁七九）

---

42 Roland Barthes, *The Grain of the Voice: Interviews 1962-1980*, p.83.

顯然，讀者於其中閱讀到的，並不是觀看之物（the observed），也不是觀看者（the observer），而是「觀看」（the observing）這件事，巴特曾說過，透過一種身體的凝視，書寫者會獲得一種強大的興奮之情，「我看到上帝的眼睛，也是祂看到我的眼睛[43]」，這是直觀所帶來的快感，沒有其它的文化詮釋來做仲介，純粹是主體和事物的交歡。中期巴特不斷地敘說欲望、身體與寫作的直接關係，雖未必直接受到日本的影響，但日本確實供給了一個物品數量豐盈的「符號帝國」，使得巴特可以精緻化、實作化他出發前的朦朧設想，換言之，或可大膽地說：日本實現了這位作家的中年轉折。

愈是純粹日本的事物，愈是吸引巴特的身體，《符號帝國》的作者書寫日本人的肢體，顯然都是親身演練一遍，嘖嘖稱奇，譬如他說日本人不若西方常需要橡皮擦，因為寫毛筆是無法回頭的，「在書寫工具的世界中，一切都導向一種不可逆轉、脆弱的書寫悖論」（頁一八四），而俳句的繪畫與柏青哥的彈珠拋擲路線，和寫書法是一樣的，皆「一揮而成」（*alla prima*）（頁九九）；他說日本人的臉孔是「一塊有彈性、脆弱、緊密交織的布料」（頁二〇四），宛如「一張桌布，抽起來之後，貼靠在眼睛的黑淵深井旁」（頁一八八），而他們的眼睛則「突然在臉上出現，有如書寫的暗黑、空無深處，『墨水瓶之夜』」（頁一八八）。喜愛音樂的巴特當然也格外留意聲響，《符號帝國》對日本聲音最有趣的描寫當屬寫字詞「這樣」（*So!*）的短章，巴特覺得日本人生活語言中最常說、不經意的這個詞，最恰當地詮釋了俳句的特質和作用，也就是一種「不含評論的視野」，俳句解消了西方古典文學中的兩個基本功能——「描述」與「定義」，俳句不是描述，因為意義並不先在那裏；俳句不定義，因沒有標準答案——「只是光芒的一閃」，這狀態，巴特說：「像小孩子用手指著什麼東西，只說了聲：「這個！」」，以致「俳句像一個優美漂亮的圓圈，繞在自己身上，看起來曾經畫下來的符號痕跡自動抹除了」（頁一七八），讀完此刻，彷彿我們也見到在淺草的下町街頭，這位來自巴黎的法國人試著揮手一指。

宣稱「作者已死」的巴特，未必喜歡或認可東方讀者揣摩他寫作《符號帝國》的策略，藉以逼近或重建原始作者的原初想像，但如果從一陌生讀者的角色設想，如果不從中後期巴特作品裡萃取出「身體」作為閱讀的主要關切，將使東方讀者進行「作者式」閱讀時，難以判讀迷霧森林如何切入（有心者當然仍能尋獲自己開拔的路徑），也會對他投之而來的珍珠之網（巴特式俳句）目眩神迷，不知所措。《符號帝國》展示了：「身體」既

---

43 Trinh T. Minh-ha, 'The Plural Void', *Roland Barthes V.2*, ed. Mike Gane & Nicholas Gane (Sage, 2004), pp.163-173, p.171.

為書寫的對象（〈百萬人體〉、〈眼瞼〉、〈鞠躬〉），「身體」也同時是書寫自身（〈無須言語〉），無法聽懂日語，使他更注意日本人用整個身體來溝通：「身體（雙眼、微笑、頭髮、手勢、衣著），構成某種喃喃喋喋話語」（頁七六），而他自己在走動的時候，聽著身旁此起彼落的日本話，捕捉著「一呼一吸之間的韻味和情感流瀉」，遂感到身在其中而完整，某種純粹的意義「包覆圍繞著我，讓我微感暈眩」。（頁七五）

第一次，巴特全然地進入符徵的遊戲中，「舉起了超我加之於我身上的枷鎖[44]」，由這個「身上」，從《符號帝國》開始，「作者巴特」告別了「符號學者巴特」。

我看見，我感覺，故我注意，我觀察，我思考。[45]

《符號帝國》是一部奇異的作品，但直到一九八三年才出版英譯本，比法文版晚了整整十三年，這使得巴特招致了一種特殊角度的批評——「另類的東方主義」，遺憾的是，他無法對之作出任何的回應。

一九七八年，巴勒斯坦裔學者薩依德（Edward Wadie Said）出版了《東方主義》，他詳細考察了十八世紀歐洲與美國西方學術社群出版的文獻，判別它們對「東方」所作的文化或意識形態的處置，而得出了「東方主義」此一概念與命名，書出版後，隨即在眾多以英語工作但非英美裔的知識圈引起回響，並迅速牽動了「後殖民」的學術浪潮。

什麼是東方主義，簡言之，它是一種優勢西方，片面命名東方它者的方式。薩伊德的定義[46]則是：一個為了處置東方——透過陳述對東方的看法、提出有關的權威觀點、描述東方、教授東方、安頓東方並統治東方等方式——而存在的集團制度（corporate institution）。有了東方主義，歐洲文化得以在後啟蒙時期的當代，透過系統性的規訓系統進行政治、社會學、軍事、意識形態、科學或想像式地管理東方，或甚至生產東方。西方生產東方，是為了更標舉西方的優越性，而東方「實際」的文化、生活、歷史、習俗，那些「活生生、血淋淋的現實」，西方反而視而不見，它們甚至認為東方沒能力或也必要

---

44 Louis-Jean Calvet, *Roland Barthes: A Biography*, p.181.

45 Roland Barthes, 中譯本：《明室》，許綺玲譯，（台灣攝影工作室，一九九七），頁三一。

46 以下對「東方主義」的解釋，主要引自Edward Said，*Orientalism*, 中譯本：《東方主義》，王志宏、王淑燕、郭菀玲、莊雅仲、游美惠、游常山譯（立緒，二〇〇三），主要引文為薩依德自撰的緒論，頁一～三九。

去再現自己。

西方再現東方，有兩種大致的取徑，其一：敵視（the xenophobic），東方即將帶來威脅或本質即可憎；其二：異域（the xenophilic），東方是特殊吸引力的他者（如閨房中、面紗後、藝妓等東方女性），兩者都是一種偏見，但卻為近兩百年來西方文化世界所重複沿用。

雖然巴特一開始便在前兩章聲明，他書寫的是一個虛構的日本（頁六四），而且因為他不懂日語，所以完全不處理日本的政治、經濟、社會現實，他也擺明對日本的喜愛與對西方的反感，但批評者們仍然認為他是一個「東方主義者」，利用「異域」日本，遂行了西方知識分子的自身利益。

一個主要的批評論點[47]是：《符號帝國》僅關心古老與原初的日本事物，刻意忽視受西方（尤其是美國）龐大影響的現代日本，在褪去當下與歷史的脈絡後，日本的文化事物很容易被解組為單一的美學物件，此一對於它者的美學主義，是神話化「他方」（*ailleurs*）的先決條件，而巴特擘劃的「西方建構」的缺席，則是對「他方」施行享樂與戀物癖的必要條件。

另一種批評[48]則針對巴特的「空無」哲學論點，認為他成就了過往自身最反對的形上學。許多《符號帝國》內書寫的事物，例如自殺前的乃木大將的臉、東京空洞市中心地圖、一首俳句，在巴特的解讀中是「空」、「無意義」的，但批評者卻認為這些事物卻是真有意義的，例如在巴特眼中，趴在地上的日式鞠躬是「空」的完美實踐，但實際上，這鞠躬是日本人表彰各自社會地位的方法，巴特當然可以主觀地將符號「去中心」或「空洞化」，但客觀而言，「這些符號可是從未沉默不語，意義的生產從不間斷」，正如「意義的缺席」這句話本身就是意義。

也有批評者說，那個年代的巴特太需要為他討厭的法國社會找一個對照組了，二元對立關係是結構主義者的思維慣性，「假如這世上不存在日本，那麼巴特也一定想要自己發明一個[49]」，日本沒有殖民地身世，又有著進步的現代性，又沒有西方那些恐怖的內在事

47 代表性評論為Kandiyoti Dalia, Exoticism Then and Now: The Travels of Pierre Loti and Roland Barthes in Japan, *History of European Ideas* (vol.20, no.1-3,1995). pp.391-397.

48 代表性評論見Scott L. Malcomson, 'The Pure Land beyond the Seas: Barthes, Burch and the uses of Japan', *Screen* (26:3-4, 1985), pp.23-33.以 及Elisabeth Birk, 'Roland Barthes' Japan', *Cross-Cultural Travel: Papers from the Royal Irish Academy Symposium on Literature and Travel*, ed. Jane Conroy (Peter Lang, 2003), pp.407-416.

49 Peter Brooks, 'From Albert Camus to Roland Barthes'.

物，沒有靈魂、上帝、命運、自我；沒有大敘事、形上學、行銷熱，最終，沒有了意義，太適合做一個書寫的他者。巴特以日本當素材，思考著那不能被思考事物的挑戰，對一個符號學者來說，那兒確實是個樂園，但批評者提醒：如果他用心學了日文，也可能就沒有《符號帝國》這本書[50]，他浪漫地在日本社會中看見現代性與傳統的快樂結合，也多少是一種「社會學式的無知[51]」（social innocence）。

> 現在來到的，也許是體驗另一種經驗的年齡，即「不學習」的年齡，也就是讓不可預見的變化來支配我們的年齡，這種變化足以忘卻過往強加於我們知識、文化、信仰之上的沉積物。我相信這種經驗有一個響亮但過時的名稱，我在其字源學的交匯點上，毫無猶豫地想要採取的這個名稱即是Sapientia：毫無權力，一些知識，一些智慧，盡量有趣[52]。

蘇珊・桑塔格（Susan Sontag）在一篇評論人類學家李維斯陀的文章[53]中，曾提及一個有意思的發現：西方世界的現代人，往往被兩種對立的情感所拉扯，一種是無家可歸之感，而另一種則是對他鄉魅力的不可抗拒。七〇年代的巴特，確實是有理由尋找一個他鄉的。

巴特是一位符號學者，非常嫻熟於法文也洞見其限制，與《符號帝國》同年出版的《*S/Z*》，幾乎可說是天才作品，他用了八萬五千個法文單字，一行一行地分析巴爾札克（Honoré de Balzac）一篇只有一萬個字的短篇小說《薩拉辛》，巴特在這篇寫實主義的文本中，拆解出字詞背後意義的無限虛矯，彷彿從一台大電腦裡抖出一堆陳腔濫調與喃喃自語，評論家布魯克斯認為這並非一篇普通的文學評論，他看到巴特探覺到一種深切的焦慮，擔心語言失去作用，當符徵被既定符旨塞爆了，人們說出那話卻並不真有那意思，只不過履行社會常規而已，語言變成了「機器人僵死的姿勢」[54]。

---

50 Darko Suvin對巴特所作的批評，宣稱以巴特的方法來解構巴特，火辣也飽含機智，見Darko Suvin, The Soul and the Sense: Meditations on Roland Barthes on Japan (À popos of L'Empire des signes), *Roland Barthes V.2*, ed. Mike Gane & Nicholas Gane (Sage, 2004), pp.175-207, p.200.

51 Elisabeth Birk, 'Roland Barthes' Japan', p.215.

52 Roland Barthes, 'Inaugural Lecture', *A Roland Barthes Reader*, p.478.

53 Susan Sontag, '作為英雄的人類學家'，*Against Interpretation*，中譯本：《反詮釋：桑塔格論文集》，黃茗芬譯（麥田，二〇〇八），頁一〇七~一二四。

54 Peter Brooks, 'From Albert Camus to Roland Barthes'

如果「寫作即是進入到與我們自身語言間的一種艱困關係中[55]」，巴特要救贖符徵的活潑與活性，必得需要日本。巴特曾說：「要知道，寫作不是一種補償也非一種昇華，它就坐落在你已不在的那個地方，那處，就是寫作的開端[56]」。這並非說寫作者退卻或落跑了，而是他必須先行死去，才能存活於他寫出的文本中，這種狀態，說明了「移地」（dislocating）的必要，《符號帝國》中一段唐突的日本與美國的比較，可以讀出相似的渴切：

> 在日本……，性行為就在性之中，不在他處；在美國，則完全相反，到處都是性，就是在性行為中沒有性。（頁一〇〇）

從東方主義出發的各種質疑，看來都有真確的理由，《符號帝國》裡的日本是巴特虛構的「烏托邦」，他寄情於此，也取用於此，他高度的美學化再現的也絕非當今我們感受的「真實日本」，但閱讀完《符號帝國》，某種亢奮的閱讀快感也是真實存在的，當符號學者轉行變成文學作者，他旅行攜帶的地圖，讀者們閱讀時自備的羅盤，評論員們的弓箭，是否也都該各自重新發落？

在訪問集《聲音的紋理》中，巴特曾坦承：「我所寫的日本是一個『反神話』（coutermythology），一種符號的幸福[57]」，日本因其脆弱又不尋常的歷史處境，而擁有一種稀奇的幸運，亦即社會快速陷入現代性之時，仍保有不少昔日封建時代的遺緒，這使它可擁有某種「符號的奢華」（semantic luxury），當文化沒有被大眾文明、消費社會所馴服，符號們也就沒有「失去光澤」。相對地，一九七四年巴特受邀訪問中國，法國知識圈期待他在寫出一本超越《符號帝國》的作品，畢竟日本的文明受啟蒙於中國多多，但巴特卻遲遲未曾寫就，他曾這麼回答狐疑的訪問者：「寫作需要……除了聽到與看到之外的某些辛辣之物，這是我在中國沒有發現的。……在中國，我發現其中絕無性愛、感官、情愛的趣味或投注的可能。[58]」

巴特去世，他駕駛紅色金龜車的風姿、抽雪茄的身影、講課的聲音節奏都引人懷念

55 轉引自Michael Wood, 'Presence of Mind', *London Review of Books*（v.31, no. 22, 19 November 2009）, pp. 11-12.

56 轉引自Trinh T. Minh-ha, 'The Plural Void', p.170.

57 Roland Barthes, *The Grain of the Voice: Interviews 1962-1980*, p.158.

58 ibid., p.265.

（他的女弟子，保加利亞學者克里斯蒂娃〔Julia Kristeva〕曾說他的聲音「閃現著來自書與孤寂的榮光」[59]），大力引介他進入英語世界的蘇珊．桑塔格，兩年後寫就一篇懷念長文〈寫作自身：論羅蘭．巴特〉，細述巴特深邃的影響力與人格特質，她敏感地注意到巴特和前輩作家紀德（André Paul Guillaume Gide）共享著一種作家的貴族典範：溫柔、多樣，從不刺耳咆哮或粗魯地發脾氣，慷慨，卻也適切地自負，不會受旁事深切地影響，巴特最欣賞紀德的一點是：博覽全書但書籍卻很少改變他，他的「發現」從未是「否認」（his “discoveries” were never “denials”）[60]。桑塔格對巴特的懷念大概也是文學世界最優美的邂逅了：「那對眼睛是如此美麗，卻總是充滿哀傷。其實，他每每在談及愉悅（pleasure）時，總帶有一絲傷感[61]。」

長期服膺於社會集體成規的東方讀者，閱讀《符號帝國》時應該會感受巨大的衝擊，它搖撼認識的主體（讀者）和等待被認識的客體（日本），同時也挑戰古典認識論（由符徵到符旨）的可靠與否；它提供一個「作者式」閱讀的險境，但道途中卻落英繽紛，迷濛亦有滋味，雖已問世四十四年，但沒有人敢說它不酷；這本書邀請欲望，它就是欲望，它是「Jouissance」，它爽！

寫完《符號帝國》的巴特，曾如此描繪一個有個性的書寫者，可絕對不是一個吃素的人：

有人想要一個文本（一件藝術品、一幅畫）不要有陰影，不要有那個「主導的意識形態」，但如此只是讓一個文本失去生殖力、生產力，成為一個貧脊的文本。……一個文本需要它的陰影，這陰影是一丁點意識形態、一丁點再現、一丁點主體：鬼魂們、口袋們、蹤跡們、必要的烏雲：一件真正破壞的志業，必須勾勒自身的明暗對比[62]。

想要揮去陳腔濫調，請先進入符號的帝國；台灣要新，得從「使用羅蘭．巴特」開始。

---

59 Hervé Algalarrondo, 中譯本：《羅蘭．巴爾特最後的日子》，頁二五四。

60 Susan Sontag, 'Writing Itself: On Roland Barthes', p.433.

61 Susan Sontag，*Under the Saturn*，中譯本：《土星座下：桑塔格論七位思想藝術大師》，廖思逸、姚君偉、陳耀成譯（麥田，二〇一二），頁四三三。

62 Roland Barthes, *The Pleasure of the Text*, p.32.

獻給莫里斯・品桂（Maurice Pinguet）

文本並非圖像的「註釋」，圖像亦非文本的「圖解」：對我來說，兩者只是依此產生某種視覺上的搖盪，也許有些類似禪宗稱為悟（satori）的那種意義消解。符號與文本互融交織，確保身體、臉孔、書寫這些符徵在其中交換循環，並從中讀出符號的抽離。

第一章　那邊

如果要我憑想像虛構出一個民族，我可以幫它取個新的名字，宣稱它為小說裡的對象，開創新的卡哈邦（Garabagne）[1]。如此，就不必將真實國度折衷於我的幻想之下（但我在文學符號中所折衷之物，正是這種幻想）。我也可以——我並不想展示或分析任何與現實相關的東西（這是西方論述的主要模式）——在世界的某個角落（那裡），抽拉出一些特徵（此乃繪圖、語言學術語），透過它們特意創立一個系統。我將稱這個系統為：日本。

因此，在這裡，我們不可將東方與西方視為「現實」，而在雙方的歷史、哲學、文化、政治等層面貼近或對立。我並非熱切地將目光停駐於東方的某種質素上，東方對我來說無關緊要，它只是單純匯集了某些特徵，由這些特徵所催動的那套互動模式，讓我「沉醉」於一種前所未見、與我國文化大異其趣的符號系統概念之中。在思考東方的時候，最重要的，不是尋找另一種符號、另一種形上玄思、另一種智慧（雖然這種智慧仍讓人滿意），而是追求符號系統正統規範之外可能出現的差異、轉化及革命。有朝一日，也許必須寫就一部關於我們蒙昧無知的歷史，揭露西方文化中無以復加的自戀心態，同時檢視一下幾世紀以來偶聞的那些呼求差異的聲音，以及必然隨之而來的理念回歸。也就是說：我們總是透過已知的語言描寫印象，迎合對亞洲文化的無知態度（伏爾泰〔Voltaire〕筆下的東方、《亞洲雜誌》〔*Revue Asiatique*〕中的東方、羅狄〔Pierre Loti〕[2]筆下的東方或《法國航空》〔*Air France*〕[3]中的東方）。時至今日，毫無疑問，還有成千上百的東方事物有待了解：從現在起直到未來，在東方文化的知識面仍須費很大一番功夫（對東方認知落後乃是意識形態封閉的結果）；如果撇開東洋文化中其他隱晦的龐大區塊不談（資本主義

1 此名稱出自比利時作家亨利．米修（Henri Michaux）（一八九九～一九八四）作品《大卡哈邦遊記》（*Voyage en Grande Garabagne*），指架空的幻想國度。

2 皮耶．羅狄（一八五〇～一九二三）：法國小說家、海軍軍官，曾遊歷近東、遠東，著作富異國風情，為法國認識東方重要參考文本。著名作品：《冰島漁夫》（*Pêcheur d'Islande*）、《菊花夫人》（*Madame Chrysanthème*）、《拉曼邱》（*Ramuntcho*）。其中《冰島漁夫》乃世界海洋文學經典名著。

3 法國航空公司（Air France）機上雜誌。

日本、美國文化滲入、科技發展），還得利用一線微小光芒去探求符號系統的歧異，而不是找尋新符號。這樣的歧異無法在文化產物的層面顯現：此處所談，與藝術、日本的都市規畫、日本人的飲食毫無關聯（至少我們希望如此）。無論如何，作者從未拍攝過日本。正好相反：日本放出繽紛光華，照耀著他；應該這麼說：日本將作者推入寫作情境。這情境甚至震動了作者的心靈，推翻以往所閱所讀，意義動搖、撕裂，直到衍生出無可取代的虛無，而物件卻仍充滿意義、迷人。總而言之，書寫自成悟境（satori）。開悟（禪修境地之一）乃是一種頗為強烈的震盪（完全不正式），搖撼知識及主體：它創造一種不言之境。正是這種脫離語言的境界，構成了書寫；從這空無之中化生出許多特點，禪宗便藉以描寫庭園、姿態、房舍、花束、臉孔、暴力，進而淘空一切意義。

無（Mu）：空無

第二章　陌生語言

我有一個夢想：認識一門外國（奇怪的）語言，卻不理解它；觀察它與母語之間的不同，卻無法透過語言的語詞、溝通或庸言俗語等社會表面因素破除差異；在新奇語言的投射之下，實際地認識母語之不足；領會那些難以想像事物的運作；在其他句法、結構的影響之下，拆解我們自身的「真實」；在言談中，發掘主體未測知的位序，挪動主體的拓樸結構；總之，進入那不可解譯的境界，感受那股震撼，甚至不用削弱它，直到我們內在的每一分西方性步履蹣跚，且父權語言開始顫抖。這種語言從父執輩傳承而來，現在輪到我們也成為父親一輩，保有自身文化，精確地說，歷史將我們轉變為「自然天性」。我們知道，希臘語的主要結構，在某種程度上限制住亞里斯多德（Aristote）哲學的重要概念。反過來想，若是一種極為遙遠的語言閃現微光、深化視野，讓我們窺探到那些必不可少的歧異，那將頗為有益。正如薩丕爾（Edward Sapir）[1]及沃爾夫（Benjamin Lee Whorf）[2]

對齊努克語（chinook）、努卡語（nootka）與河比語（hopi）[3]，或葛蘭言（Marcel Granet）[4]對中文的論述，以及一位朋友對日文的看法，打開了整片虛構地帶，唯有幾篇現代文本（但沒有小說）能提供一些概念，讓我們瞥見一抹風景，而這片風貌是我們的言語（我們的母語）絕對無法猜想或發掘的。

因此，在日文中，功能後綴詞的衍生應用及接續詞的複雜就假設了這一點：主體透過預防、重複、延遲及堅持等特性進入言詞之中，其最終承載量（我們不再能只談論單純

---

1 愛德華・薩丕爾（一八八四～一九三九）：美國人類學家、語言學家。提出「語言結構壓力論」，認為語言變化是受到語言本身固有模式影響，不同語言的表達方式會對同一客觀世界產生不同解釋，此觀點與沃爾夫之理論結合為「薩丕爾─沃爾夫假說」。

2 班傑明・李・沃爾夫（一八九七～一九四一）：美國語言學家。曾師從薩丕爾學習人類學，研究過美洲印第安人河比語，與薩丕爾共同提出「薩丕爾─沃爾夫假說」。沃爾夫認為：文化在語言中表述，行動在語言中描寫，語言、文化、社會行為都在一個封閉的循環軌道中運作，人無法脫離其中。

3 三者皆為北美洲少數民族語言。

4 馬塞爾・葛蘭言（一八八四～一九四〇）：法國漢學家。畢業於巴黎高等師範學院（ENS），曾任教於法國高等研究應用學院（EPHE）及巴黎東方語言文化學院（INALCO）。主要著作：《中國古代節日與歌曲》（*Fêtes et chansons anciennes de la Chine*）、《中國人的宗教》（*La Religion des Chinois*）、《中國思想》（*La Pensée chinoise*）。

的一行字詞了）正好把主體變成一張空無言語的巨大外皮，而不是自外部或上層引導句子的緊實核心。在我們看來，那種近似主體超量的結果（據說日語表達的是印象，而非證明），便是一種稀釋淡化又大傷元氣的手段，使主體在零碎、顆粒狀、迂迴的語言中，走向空虛。再來談談這個：就像許多語言一樣，日語將生命物（人類的及〔或〕動物的）與無生命物區分開來，特別表現在是這個動詞上；但故事中的虛構人物（很典型的：很久以前，有一個國王……），人們則視為無生命的物件；我們所有的藝術能量拚命在操控小說人物的「生命感」及「真實感」，但日文的結構卻把這些虛構角色還原、框限在他們產品的本質上，成為自生命物中切離出來的符號體，握有絕佳的不在場證明。日語甚至能設計出法語無法設想之物：我們要如何想像一個沒有主詞、表語，卻又及物的動詞？例如：一個認知行為，卻沒有已知的主體及客體。但也正是這種想像，促使我們面對印度的禪那[5]——中國禪宗及日本禪學的源頭。顯然，我們若不歸還主體及神祇，就無法將禪直譯為冥想：驅趕它們，它們又回頭，它們所駕馭的，正是我們的語言。這些事實及其他現象讓我們深知，不考慮語言的限制（語言的工具性質）而想藉此批判我們的社會，是多麼荒謬的一件事！這就像是想要消滅惡狼，卻舒服地躺臥在牠的血盆大口裡。這些悖離語法常規的實踐，至少有這樣的優點：試著去質疑西方語言的意識形態。

5 佛學術語，大致上有兩種意義：三昧的境界，專指色界以上的四禪境界；修行進入四禪境界的方法。本詞源自《奧義書》，指修習瑜伽的高級階段，亦可用「安止」來表達，將心固守在一個特別對象上，以「慧」對它進行觀察與思索，由此進入四禪，進而得到解脫智。

雨水、種子、播種
緯紗、纖維、文本
書寫

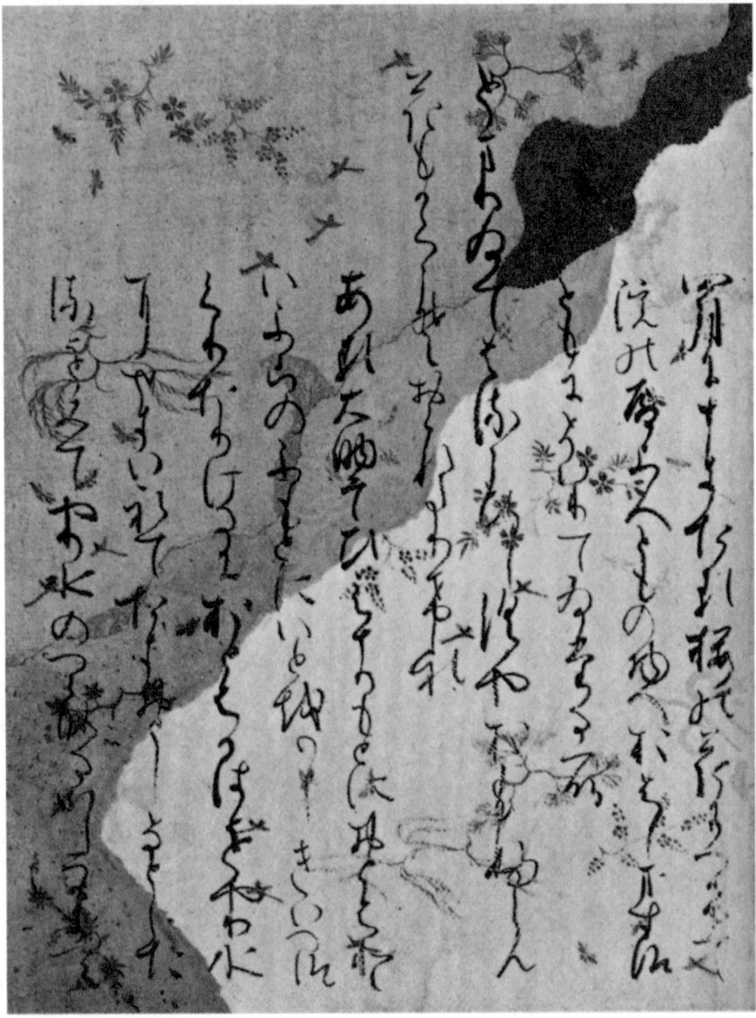

Pluie, Semence, Dissémination
Trame, Tissu, Texte.
Ecriture.

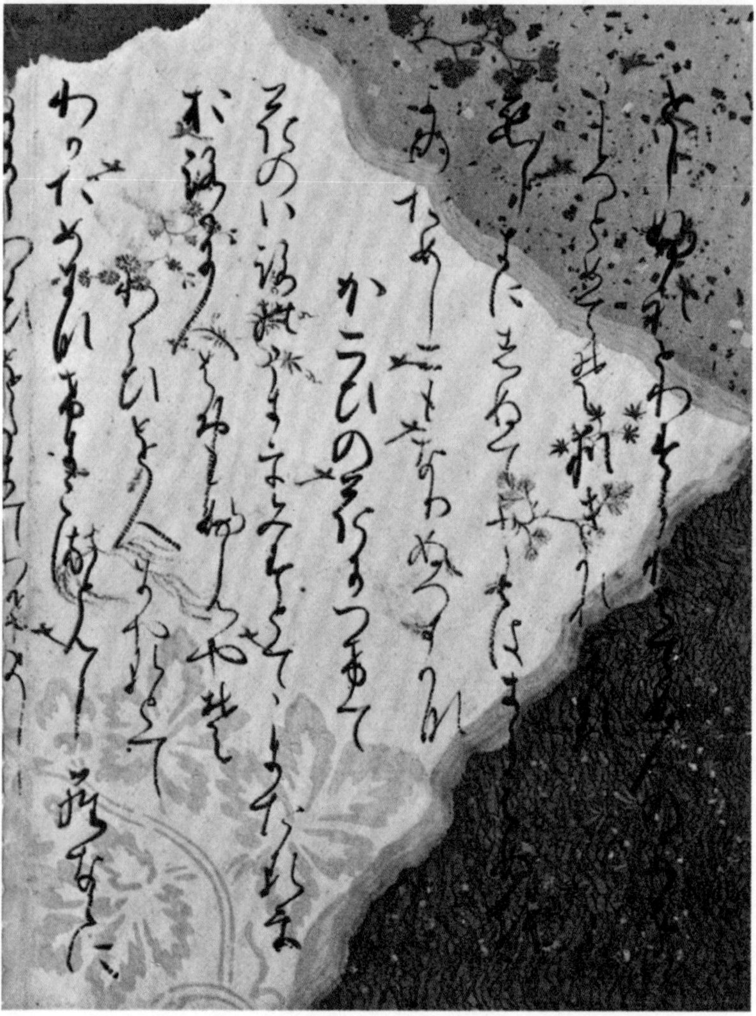

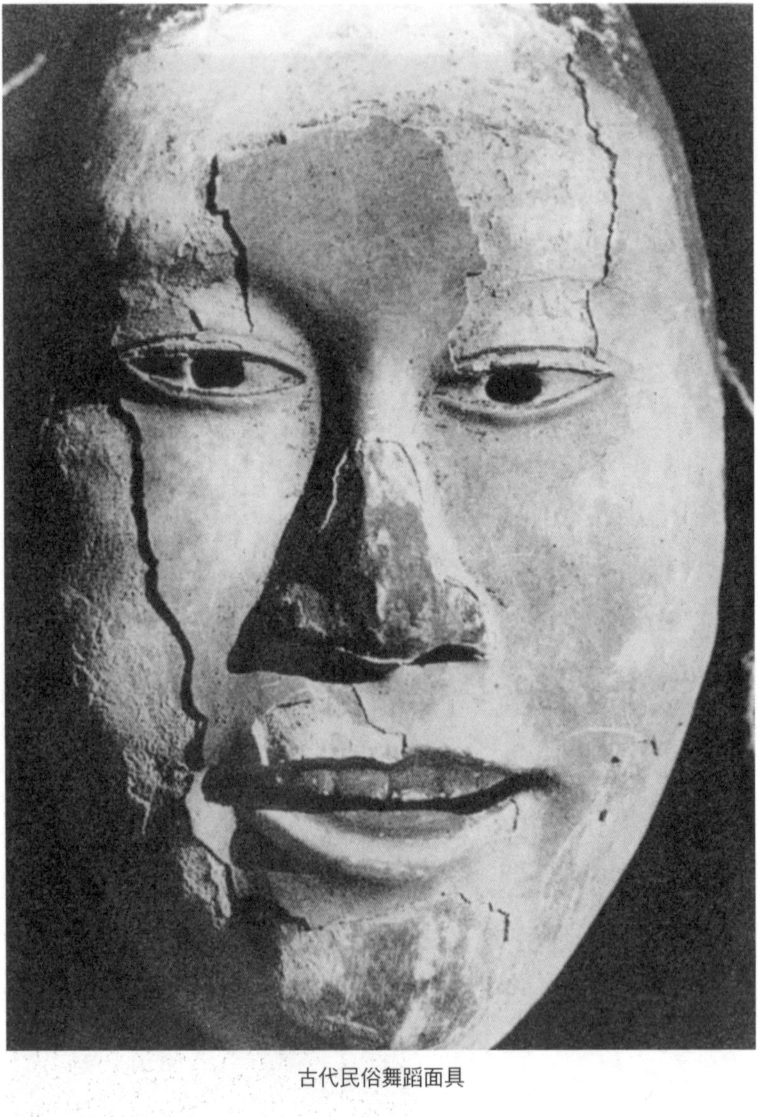

古代民俗舞蹈面具

第三章　無需言語

陌生語言發出一陣微響，形成美妙的防護網，將外國人（只要這個國家對他沒有敵意）包覆在一種音聲的薄膜之中，一切迥異母語之物都無法進入雙耳：說話者的地緣背景、社會出身、文化層次、智能水平、興趣雅好、別人眼中的他、他想要讓人認識的他。因此，待在國外，終於可以好好休息！在那兒，我不受蠢話、庸俗、虛榮、世俗、國籍、教條等干擾。陌生的語言——我依然能捕捉那種一呼一吸之間的韻味和情感流瀉，簡單來說，就是那種純粹的意義——在我走動的時候，包覆圍繞著我，讓我微感暈眩，並將我捲入它人為的空無境界之中，因為身在其中而完整。我身處間隙之中，脫離一切意義：「你言語不通，如何在那生活？」言外之意就是：「你要怎麼應付溝通上的迫切需要？」精確地說，這是以直接詢問掩飾其中暗藏的意識形態論斷：「沒有語言，交流不存在。」

然而，在這個國度中（日本），符徵的帝國如此廣闊，如此超越言語，符號交流仍豐富流暢、微妙細緻，迷人不已。其語言雖隱晦不明，但也許正是這種晦澀，凸顯其迷人之處。理由很簡單：在日本，身體存在、展示、行動、袒露、不歇斯底里、不自戀，遵循一種純粹的情欲模式——雖然這個模式不太明顯。並非藉由聲音（透過聲音，我們辨識出發言者的「權利」）來溝通（溝通什麼？我們的靈魂——必然美麗的靈魂——我們的誠懇之心？我們的名聲？），而是整個身體（雙眼、微笑、頭髮、手勢、衣著）構成某種喃喃喋喋話語，對符碼完美的掌握，移除了所有倒退、幼稚的特質。訂一個約會（透過手勢、塗鴉、專有名詞）得花上一小時，但在這一小時內，訊息一旦講出來，便瞬間消失（既重要又無意義），因為我們理解、領會、接受的是對方的身體，正是這身體展開了（毫無實際目標）它自身的敘述及文本。

第四章　湯水與薄切片

餐盤就像一幅精緻的圖畫：深色的背景襯托著，上面放著各式各樣的東西（碗、盒子、小碟子、筷子、幾堆小配菜、一點灰薑、幾根澄黃色蔬菜，底下配一點暗棕色調味醬），這些餐具和這幾小堆食物，量小質細，但品目繁多，我們可以說，這些餐盤擺設完成了圖畫的定義，用法蘭西斯卡（Piero della Francesca）[1]的話來說：「（圖畫）只是平面和主體的一種展現，總是依其成分放大或縮小。」然而，這種排列方式雖讓食物看起來美味可口，卻遲早要破壞，並依照用餐節奏重組。剛開始還是一幅靜止不動的圖畫，變得穩固或棋盤狀，並不是用來欣賞的空間，而是用來展現技術的遊戲空間。這幅畫其實只是一

1　比侯·德拉·法蘭西斯卡（約一四一五～一四九二）：義大利畫家。畫作有數學般完整的形式、出色的空間感、不受時間限制的穩靜氣息，背景刻畫細緻，光線清晰，構圖勻稱，對當時繪畫影響甚鉅。

張調色盤(一個工作的平面空間),你在用餐過程中邊吃邊玩、東弄西弄,這裡夾點菜,那裡挖點飯,這裡沾點醬,那裡又喝口湯,自由自在輪流吃著,好似一位美術設計師(的確像個日本設計師)面對一場碗碟的遊戲,心中既篤定,又游移不決;如此一來,既不否定、也不削弱用餐過程(倒不是人們對食物冷感,那總是一種道德態度),吃飯終究是一種工作和遊戲留下的痕跡,很少加工改造原料(原料乃烹飪的主要對象。日本菜很少煮熟,食材都是以自然狀態端上桌,唯一算是加工的地方,其實就只是切一切),只是移來移去,改變它的樣子。菜色吸引著你,沒有一定的規則順序,隨便夾哪一個都行(看你要喝口湯、吃口飯,或夾點菜):食物的選取技巧,關鍵在於組合方式,你自己決定要夾哪些菜、要怎麼吃;菜餚不再是物品一般的產品,不像在我們這邊,製作食物時很低調、不欲人知(菜餚先在廚房裡精心準備,隔門擋著,變成一個祕密房間,在裡面隨你怎麼做,直到食物排好,菜配好,弄得香噴噴,全部打點好才端出來)。這就是日本菜餚活生生的特質(不一定是自然的),似乎一年四季都能滿足詩人的心願:「喔!以美饌佳餚,禮讚春日……」

依繪畫來看,日本料理仍不具備最直接訴諸視覺的特質,卻擁有投注到身體之中極為深刻的特色（與用來畫或蓋的雙手重量及運作有關），重點不在色彩，而在觸感。熟米（它絕對獨特的質素藉由特定名稱來表達，所以它不叫作生米）只能定義為一種原料的矛盾組合：它聚合在一起，又可以分離；其主要目的就是形成這種碎片四散、成堆成團的小東西，是日本食物中唯一協調勻稱的物質（與中華料理截然不同），往下沉落，而非四處浮動；在這幅畫面中驅遣著一片緊密的、顆粒狀的（與麵包相反），卻疏鬆易碎的白：端上桌的米飯，緊緊黏在一起，兩根筷子一夾就散開了。但它並非完全解體，筷子分開它，似乎只是為了產生另一塊無法減少、分割的聚合體。人們花錢享受的，正是這種蓄意的（不完全的）、超越（或保留）食物本身的缺陷。同樣地——但卻是另一端的物質——日本的湯（湯這個字說來太濃稠，不恰當，而法文的濃湯則讓人想到膳宿家庭裡的招待）在食物的烹調遊戲中，添入了一絲清澈的風格。在法國，一碗清湯就是一碗沒有料的寒酸東西；但在日本，肉湯很清淡，像水一樣流動，一點大豆粉、青豆屑漂浮在湯裡，稀稀疏疏兩、三塊固體物（葉梗、菜絲、魚肉塊）在如此少量的湯水裡分合來去，漂上漂下，給人一種雖密集卻清澈、富含營養卻不油膩的意象，又像舒緩人心、潔淨無比的鬆弛靈藥：這是某種水生物（不只是水狀的），微微帶點海洋風味，使人想到來自源頭、蘊含深厚生命力的東西。如此一來，日本菜餚透過原料的減縮系統（從清澈到可分割）、符徵的搖動而建立，這些是書寫的基本特質，建立在某種語言的搖擺之上，日本菜表現出來的正是如此：此乃一種書寫出來的菜餚，依靠那些分割和夾取的動作，將食物——不是刻寫在餐盤上（與照片上所拍的不同，那是我們女性刊物上的花俏風格）——而是刻寫在一種將人、餐桌、宇宙分層排開的深廣空間中。因為書寫正是這麼一種行為：在同一個架構之下，結合那些（在單一扁平的表現空間中）無法捕捉在一起的東西。

le rendez-vous

Ouvrez un guide de voyage : vous y trouverez d'ordinaire un petit lexique, mais ce lexique portera bizarrement sur des choses ennuyeuses et inutiles : la douane, la poste, l'hôtel, le coiffeur, le médecin, les prix. Cependant, qu'est-ce que voyager ? Rencontrer. Le seul lexique important est celui du rendez-vous.

會面

打開一本旅遊書，通常你會發現一些基本字彙，但很奇怪，這些字彙都只跟一些無聊、無用的事有關：海關、郵局、旅館、理髮店、診所、價目。然而，何謂旅遊？為了相遇。唯一的重要字彙，只與會面有關。

第五章　筷子

在曼谷的水上市場，每家攤販都設在一艘不動的小船上，賣的都是些少量的小東西：種子、幾顆蛋、香蕉、椰子、芒果、辣椒（還不包括那些叫不出名字的東西）。從小販自己，到他賣的商品，甚至是他的小船，所有東西都很小。西方的食物總是一大堆，高貴莊重，擺放得很有派頭，架式十足，總是那樣份量大、氣勢壯、數量多，豐盛至極；東方的菜餚卻反其道而行，總是盡情發揮細小微量的特點。黃瓜未來的調理風格走向，不是要又大、又厚，重點在於它的切割，應該切成又細又小、一塊一塊的，如同這首俳句所形容的：

黃瓜切成片
汁流出來

沾到蜘蛛的腳[1]

細小之物與可食之物集合在一起：東西很小，是為了可以吃；東西可以吃，是為了實現它的小巧本質。東方食物與筷子之間產生和諧感，不單因為它像工具一樣有用，把食物切成碎塊，是為了讓筷子比較好夾；而筷子的存在，又是因為食物切成碎塊。同一種動作，同一種形式，超越了物質及其工具，那就是：分割。

筷子除了將食物從盤子送到嘴裡（這是最不起眼的功能，因為手指頭和叉子也辦得到），還有別的功用，這些功用唯它獨有。首先，筷子——它的外型已說明地很清楚——有指示功能：它指出食物所在，鎖定想要夾的那一塊，因持筷挑選的動作而存在，這是它的引導作用。因此，我們在用餐時並非依循某種機械式的程序，僅僅滿足於一口一口地吞下一道菜，筷子會選定它要的目標（所以是當下想夾的這個，而非另一個），讓用餐過程隨興所至，它不是規定，比較像是一股慵懶勁：無論如何，它是一種充滿智慧的動作，

1　作者：榎本其角（一六六一～一七〇七），江戶前期著名詩人。

再也不是那種機械式的操作了。兩根筷子擺在一起，還有另一種功用，就是把食物一塊一塊夾起來（不再像我們用叉子那樣去叉它）。此外，用夾取這個字太強烈了，侵略感太強（這個字適合用來形容古靈精怪的小女孩、外科醫生、女裁縫師或敏感的人）。從頭到尾，食物所承受最大的壓力只夠用來夾起它、移動它，筷子使用時的動作，因其木頭或漆的材質而更顯輕柔，這裡頭有一種溫柔的質感，甚至是某種收斂，分寸拿捏恰到好處，正是用來抱小孩的那股力道：這是一股力量（就該詞的操控意義而言），不是一股衝動。這就是用餐的一整套規範，從廚師所用的長筷子可以清楚看出，筷子不是用來吃飯，而是準備食材：這種用具從來不會去刺、切、割或傷害，而是用來挑揀、翻動、移動。為了分開食物，兩根筷子（第三種功用）會拆解、分離、輕輕在食物上翻來挑去，不會像我們的餐具那樣切割或戳刺它，從不暴力對待食物，也許還會慢慢把食物梳理一番（對待青菜時），或把食物分解（對待鮮魚或鰻魚時），於是發現了食材的天然肌理（如此，筷子就比刀子更接近手指的原始功能）。最後，也許這就是筷子最美妙的用處：兩根筷子負責運送食物，合在一起，像兩隻手交叉，是支撐點而不是鉗子，它在米飯裡滑動、鋪開，將飯送入口中，或是（像東方人流傳千年的古老動作）像鏟子一樣，把那潔白如雪的食物自碗裡滑送口中。筷子的一切用法、一切動作所暗含的意義都與我們的刀子（以及用來攫取食物的替代品：叉子）截然不同。這種餐具不是用來切、戳、割、刺（上述都是極為有限的動作，只有在食物準備階段才會出現：魚販當著我們的面活剝一條鰻魚，以預備獻祭的儀式，一口氣驅除宰殺活物之罪）。使用筷子之後，食物不再是暴力之下的獵物（像我們為了吃肉對獵物窮追不捨），而成了和諧傳遞的物質。筷子把已經分割好的物質轉變成更小、如鳥食般的食物，把米飯變成乳質物，這樣充滿母性溫柔的舉動，一口一口不停地像小鳥一樣地吃著，與我們飲食習慣裡那樣用刀用叉捕食式的吃法截然不同。

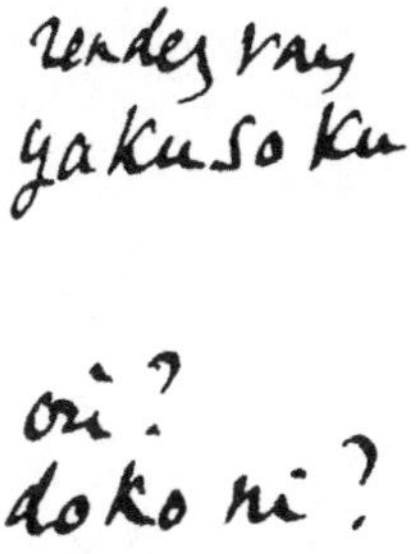

會面
yakusoku
哪裡？
do ko ni ？

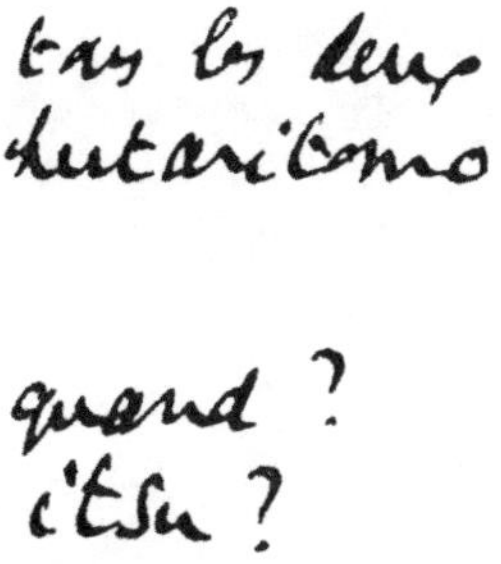

兩者
hutaritomo
什麼時候？
itsu ？

第六章　沒有中心的食物

壽喜燒（sukiyaki）[1]是一種燉肉鍋，它的每一種材料我們都見過，也都認得出來，因為它是在你面前那張桌上現做的，你一邊吃，廚師一邊不停地做，生的材料去皮、洗過之後放在一起，擺在盤子上，具有一種光裸美感，閃亮、鮮麗繽紛、和順無比，美得像一件春裝，狄德羅（Denis Diderot）也許會說：「色彩、細緻、觸感、效果、和諧、燉肉，應有盡有。」你直接面對市場貨品的那種本質，那種新鮮、自然、多樣、整齊的排列方式，把單純的原料搞成一件大事。透過這個混合物，市場裡的產品誘發食欲，它同時具備自然與商品的性質，商品化的自然，一般大眾可以輕易得到：可食用的枝葉、蔬菜、粉絲、像奶油一樣的方豆腐、生蛋黃、紅肉、白糖（所有東西組成一份異國風十足的食物，不是令人著迷，就是倒人胃口。因為表現在視覺上，中國菜那種單純的甜鹹，直接把東西拿來煮，看不見裡頭的糖，除非在某些「上了色」的菜餚中，才能一睹焦糖光澤）。這些生鮮食材先組合在一起，像一幅荷蘭畫的手法，保留了線條的輪廓、穩重而富彈性的筆法，以及色澤繽紛的釉彩（我們不知這是否來自事物的材質、場所的光亮、覆蓋在畫上的油料，或展覽館的照明燈光），接著一步步放入大鍋中，在你眼前燒煮，失去色澤、形狀、鬆散感，變得柔軟，改易自然原狀，轉變為紅棕色這種湯汁的主要顏色。你用筷尖陸續挑起剛煮好的燉肉塊，把其他的生肉再丟進去煮，這一來一往的烹煮過程由一位女助手主導，她站在你身旁，手持長筷，一會兒把肉片放入大鍋中，一會兒與客人交談。你用雙眼觀看這景象，猶如經歷一場小型食物旅程：你在此見證了生食的黃昏暮色。

我們知道，這種生食乃是日本菜餚的守護神，一切都獻給祂，如果說日本菜永遠都在用餐人的面前烹煮（這種菜餚的主要特色），那也許是因為：最重要的是藉這種表演方式，將我們所崇敬之物犧牲掉。在生食法中受尊敬之物（說來也怪，我們都用單數來表示生食這個詞的語言詞性，卻用複數來命名我們菜色中外部、反常、略帶禁忌色彩的部

1　日本菜餚。將肉片及各式蔬菜放入淺底鍋，半炒半煮，用醬油、糖、高湯等佐料調味，可沾生雞蛋搭配食用。

分），似乎不像在我們那兒一樣，是一種食材的內在本質，一種血淋淋的東西（血象徵力量與死亡），我們從中轉移、汲取生命能量（在我們那兒，生食乃食物的一種強大狀態，一如我們規定在韃靼牛排〔steak tartare〕[2]上放的提味佐料那種轉喻效果）。就本質上來說，日本的生食是訴諸視覺的，它表現出肉類與蔬菜某種施加色彩後的狀態（既然我們了解到，色彩從不因不同類的色調劃分而耗竭，而是反映在質料的一切觸覺之上；因此，生魚片〔sashimi〕展露出來的色彩還不如它的耐力，它使生魚肉變化無窮，在盤子上層次分明：鬆軟、纖維狀、有彈性、緊實、粗糙、光滑）。食物完全訴諸視覺（從構思、設想、操作，一切都為了視覺效果，甚至考慮到畫家、設計師的那種視覺要求），進而說明它的意義並不深刻：吃下去的物質並未包含一顆珍貴的心、一股隱藏之力，或一樁重大機密，所有的日本菜餚都沒有一個中心（西方菜裡都會設計一個中心，像儀式一般，依此安排食物的擺放、配菜，或在上頭淋一層東西）；擺盤上，所有食物互為陪襯。首先，因為在餐桌上、在盤子裡，食物永遠只是零星碎塊的集合，根本沒有進食優先順序，用餐不必按照菜單的設計（這是一本菜餚指南），而是用筷子輕輕夾取，一下夾這個顏色的菜、一下夾那個顏色的菜，順著某種靈感，在緩慢的步調中，伴隨著無拘束的間接對話過程（對話本身可以是極為靜默的）；此外，由於這道菜餚——這是它的獨特之處——同時將它的製作時間與食用時間連結起來：壽喜燒是一道沒完沒了的菜，不停地做、不停地吃，我們也可以說是在不停的「對話」，這倒不是出於技術上的困難，而是因為它本來就是要在我們一步步烹煮的時候漸漸消耗掉，因此自身便不斷重複。壽喜燒只有在剛開始煮的時候才展現這一點（在那個由食材所點綴的盤子端出來之刻），「筷子一動」，便無法再分辨它的時空位置：它失去中心，猶如一篇連綿不絕的文本。

2　將新鮮的生牛肉、生馬肉剁碎而成的一道菜。傳統吃法通常加上鹽、胡椒粉、生蛋黃、塔巴斯科辣椒醬（Tabasco）、辣醬油（Worcestershire sauce）。此菜流行於法國、比利時、丹麥、瑞士等地，食用時習慣搭配炸薯條。

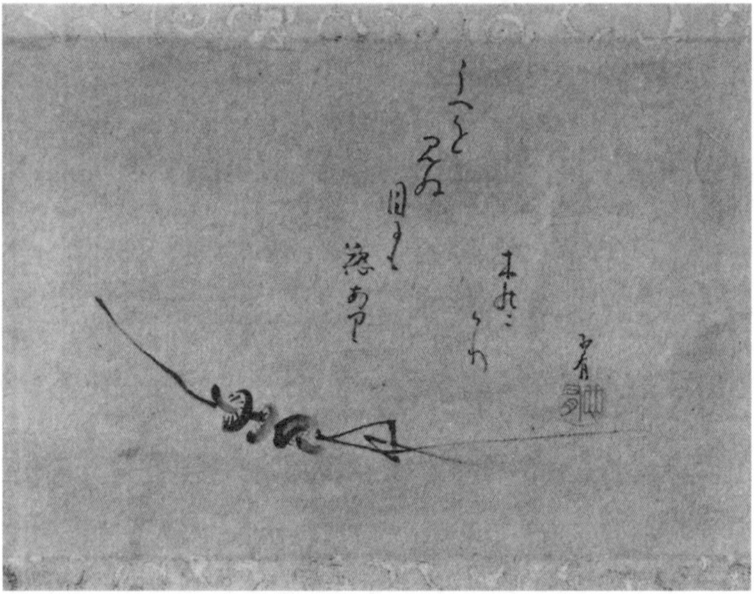

Où commence l'écriture ?
Où commence la peinture ?

書寫始自何處？
繪畫始自何處？

第七章　間隙

廚師（他根本不做菜）抓來一條活鰻魚，用一根尖銳的長針刺進牠的頭，刮一刮，然後把皮剝了。這一幕快狠準、濕淋淋（倒不是那麼血淋淋），有點殘忍，最後把魚弄成花邊。鰻魚（或切碎的蔬菜、甲殼類）丟下去炸，變成結晶一般，像薩爾茲堡的樹枝（le rameau de Salzbourg）[1]，縮小成中空的一個小塊，布滿大大小小的透光孔洞，食物在此與一個矛盾的夢境相接：一個純粹中空的東西，它是為了讓我們從中攝取營養，這更能刺激食欲（有時候這種食物會做成球形，像一團空氣球）。

天婦羅（tempura）擺脫了我們傳統上賦予油炸的意義，那就是——沉重油膩。日本

1 斯湯達爾（Stendhal）（一七八三～一八四二）曾在《論愛情》（De l'amour）散文集中一篇名為〈薩爾茲堡的樹枝〉的文章中提到，在薩爾茲堡有一座鹽礦，樹枝掉落其中，再拾起，上頭結滿鹽晶。作家引喻為愛情中的結晶作用：情人眼裡所見，是戀愛效果美化後的結晶樣貌，大異本貌。

le rendez-vous

ici
koko ni

ce soir
komban

aujourd'hui
kyo

à quelle heure ?
nan ji ni ?

demain
ashita

quatre heures
yo ji

會面

這裡
kokoni

今天
kyo

明天
ashita

今晚
komban

幾點鐘？
nan ji ni ？

四點鐘
yo ji

的做法讓麵粉再現它四散如花的粉末本質，稍稍加水摻拌，攪出來乳狀的東西，而非麵糰；經過油炸，這個乳狀物變得金黃酥脆，包覆在一塊塊食物上，外觀不好看，這裡露出一段粉紅色的蝦身，那裡露出一塊青椒，另外這邊又看得到棕色的茄子。這種油炸方式與我們的煎餅不同，我們會把餅炸得粗粗的，外面厚厚一層，包得很緊。炸油（但是說到油，這真的是那種油膩東西的來源物質嗎？）立刻吸滿在餐巾紙上，師傅把炸好的天婦羅放在上面，底下再用柳條製成的籃子盛裝。這種油很乾很淡，與地中海地區及近東地區塗在食物和糕點麵包上的黃油完全無關；它失去了我們烹飪中那種用油或脂肪小火慢炸的特有矛盾性質。一種在所有油炸方式以外的概念，取代了這種把油滋滋的東西小火炸出來的特色，這概念就是：新鮮。那股新鮮氣息，透過麵粉炸出來的紋路，流動在天婦羅之中，像在食物中最有生命力及軟脆度的東西——魚和蔬菜——這股新鮮完整無缺又清爽，這便是那種油的新鮮勁味。賣天婦羅的餐廳根據用油程度來分高下：名氣最大的餐廳用的是新油，之後再把用過的油轉賣給比較差的次一級餐廳，依此類推；客人花錢不是為了享用食物，甚至也不是那份新鮮（更不是為了餐廳的交通或服務條件），而是烹調過程的那份純淨。

有時候，一塊天婦羅會有好幾層：油炸的部分圍繞著（這比說「包覆」好）辣椒，裡面填滿了牡蠣肉。重要的是，食物要做成一團團、一塊塊（此乃日本菜的基本狀態，外面淋上一層什麼——可能是醬汁、奶油、脆皮——誰也不知），不只要透過食材配置的功夫，而且特別要將食物浸泡到如水一般流動、如油脂一般黏稠的物質中，再從中取出的，就是一塊已完成、分離出來、有了新名字、有孔透光的東西了；但它的輪廓很淡，變得抽象：就其外皮而言，它所占有的只是時間（本身如此細小），時間將它凝固、變硬。有人說天婦羅源自基督宗教（葡萄牙）：它是四旬期（carême）[2]的食物（*tempora*），經過日本人之手，利用刪改及卸除意義的技巧精煉而成，是另一個時空的食品。它不是禁食與贖罪的禮儀，而是某種冥想式的存在，富有營養，卻又精采可觀（因為天婦羅在你眼前現做），沒有更好的方式（可能出於我們的陳規舊套），於是我們圍繞著這個東西，決定它應該是輕盈、中空、轉瞬而成、酥脆、透明、新鮮，或渺小。它真正的名稱應該是邊緣尚未滿溢出去的中空間隙，或是說：空無的符號。

其實，我們應該回到那位在魚和胡椒上頭做出花紋的年輕藝術家身上。如果他在我們面前做菜，動作千變萬化，這裡弄弄、那裡弄弄，把鰻魚從池塘抓來放到白紙上，最後，滿身是孔，這不是（不只是）為了讓我們見識他烹飪手藝之精湛和料理的純淨無暇；而是因為他的動作根本就是在書寫：他把食材刻寫在原料之上；他的調理檯陳列擺設，就像書法家的桌子一樣。他把玩各種材料，就像畫家（如果他是日本人就更像了）手邊驅遣著一件件工具：小碗、畫筆、硯台、水、畫紙。如此，他便在餐廳的喧嘩聲及此起彼落的點菜聲中，完成了不是單一時間、而是各種時態的條理安排（天婦羅的文法時態），並讓眾人親眼看見整套操作過程。他大聲誦讀出食物的文法，不將它視為已製造完成的商品，因為這商品唯有做到完美才有價值（像我們的菜餚那樣）；而將其視為一種創作產出，意義尚未終止，而是持續發展，也就是說，當創作結束時，意義便耗盡了：是你在吃，但是，是他在操控、書寫、創造。

2 又稱大齋期，基督宗教重要儀規，復活節前四十日之長齋。於此期間內需齋戒和懺悔，以紀念基督在荒野禁食，抵抗魔鬼試煉。

第八章　柏青哥

柏青哥是一種投幣式遊戲機。我們在櫃檯買來一小盒金屬鋼珠，然後，站在機器前面（一種垂直的檯子），用一隻手把鋼珠一顆顆塞進洞裡，同時用另一隻手拉、放推柄，把珠珠彈射出去，鋼珠便會依軌道穿越一道道檔板，如果出力恰到好處（不會太大力或太小力），推出去的那顆珠子會釋放更多鋼珠，珠如雨下，掉滿掌心。然後我們就可以一直這樣玩下去——除非我們不想用戰利品去換一些寒酸可笑的獎品（巧克力片、橘子或一盒菸）。柏青哥彈子房到處可見，總是人滿為患，不分男女老少（年輕人、婦女、穿黑衣的學生、穿套裝的中年上班族）。聽說柏青哥這種遊戲的營業額，與全日本百貨公司的營業總額不相上下（甚至更高，這樣講肯定太誇張了）。

柏青哥可以和別人一起玩，也可以自己玩。機器排成一長排，雖然彼此靠得很近，但每個人都站在自己的機器前面玩自個兒的，從來不會往隔壁看。我們只聽得到鋼珠發射出

Mangeoires et latrines.

餵食槽與公廁

去的咻咻聲（把珠子塞進去的速度很快）。彈子房就像是一處繁忙的場所或工作室，來玩的人很像在生產線上工作。這個場景最重要的意義，就是展現認真、消耗的勞動感，完全沒有那種懶散、放肆、賣弄風情的態度。不像在我們西方玩家身上見到的那種誇張、隨興過了頭的習氣，東一群、西一群，懶懶散散地圍在彈珠台四周。不過他們倒是挺會在咖啡館其他客人面前，擺出一副行家、甚至悟道神佛的姿態。這門遊戲的藝術精神也與我們的遊戲機大不相同。對西方玩家來說，球一旦推出去，最重要的就是要視情況一步步修正它落下的路徑（對著機器一陣拍打）；而對日本玩家而言，出手的那一刻就決定了一切，一切都取決於大拇指對推柄施加的力道，手法靈活立即見效，決定輸贏，也唯有在此刻可以看出玩家的天賦，他得事先把握好時機，只有一擊的機會。更準確地說，球的行進路線只能靠玩家雙手巧妙的放慢或加快（但絕不是全盤支配）來決定，他只擊發一次，然後觀察。所以此乃一雙藝術家之手（日本式的），對他而言，這道線條（書畫的）是一樁「控制下的意外事件」。總之，柏青哥在機械的層面上，再現了繪畫上一揮而成（alla prima）[1]的筆法原理，強調線條必須一筆揮就，一次完成，而且由於畫紙與墨水的特性，一畫下去就無法再修改；同樣地，球一旦推出去，就不能使用外力改變軌道（用暴力去搖晃機器真是粗魯，令人不齒，就像我們西方玩家在作弊的時候一樣）：鋼珠的路徑在彈射出去那閃光一瞬便已決定。

這門藝術用意何在？用來規畫一條滋潤生命的路徑。西方的遊戲機則保有一種穿透力十足的象徵：最主要就是利用那一擊必中的「準頭」，直接占有那位畫在遊戲台上的性感女郎，燈光打在她身上，挑逗著你，等待著你。柏青哥遊戲完全沒有性的意味（在日本——在我稱為日本的那個國度——性行為就在性之中，不在他處；在美國，則完全相反：到處都是性，就是在性行為中沒有性）。遊戲機就像排列整齊的餵食槽，玩家們快手快眼，毫不間斷，一次又一次將鋼珠塞進機器裡，就像餵鵝吃東西一樣，把機器塞滿。有時候機器塞得太滿，會像拉肚子一樣把珠子吐出來：只要幾塊日幣，就好像滿手是錢。我們在此終於體會到，這個遊戲有它嚴肅的意義層面，它與資本主義在財富上的吝嗇，以及計算薪資時的精打細算、斤斤計較，正好背道而馳。玩家出手大方、任意揮霍，轉眼間，又是銀球滿手。

1 直接法：來自義大利文，法文為au premier coup。又稱直接畫法，畫家隨興作畫之技法用語，事前不打底稿，面對題材直接作畫，捕捉當下感覺。

第九章　空洞的市中心

據說四邊形或網盤狀的城市（例如洛杉磯）會使人深感不安，它們破壞了我們對都市的整體感覺，也就是要求每一方都市空間都擁有一個中心點，依此來去往返，是一個完整的處所，讓人在其中夢想著走向那裡或從中抽身，簡言之：創造自我。出於許多原因（歷史、經濟、宗教、軍事等層面），西方深諳此道：所有的西方城市都圍繞著中心發展，而且與西方形而上運動觀念一致，每一個中心都是真理的場所。我們的都市中心區總是滿載意義，地點醒目、重要，文明的價值觀匯集、聚結在此：信仰（教堂）、權力（辦公廳）、金錢（銀行）、商品（百貨公司）、言語（古代集會所——咖啡廳及散步區）。前往市中心，就是與社會的「真理」相遇，就是投入「現實」無邊的豐富世界。

我要談論的城市（東京）呈現出這樣珍貴的矛盾之處：它的確擁有一個中心，但這個中心卻是空的。整座都市圍繞著一個既禁閉且無人關注的地方，這處居所綠蔭掩蔽，護城河保護著它，天皇居住於此，無人得見，也就是說，照字面來看，我們不知道誰住在裡面。日復一日，計程車敏捷、迅速、動力十足地奔馳在子彈般的高速車道上，卻避開這個圓形地區，低矮的屋簷是這隱形地帶的可見形式，將那神聖的「空無一物」隱藏起來。於是，兩座最強盛現代都市的其中之一，便由高牆、溝圳、屋頂、樹木所圍繞築起，建造在一個不透明的隱暗環狀物上，它的中心僅僅是個草率的概念，其存在不是為了炫耀權力，而是為了讓所有的都市活動能夠去支撐那種空無的中心特性，車輛永遠必須繞道行駛。據說如此一來，這些想像之物，以循環的方式展現著，圍繞著空無的主體旋移迴轉，來去往返。

la Ville est
un idéogramme :
le Texte
continue.

都市是表意符號：
文本延續著。

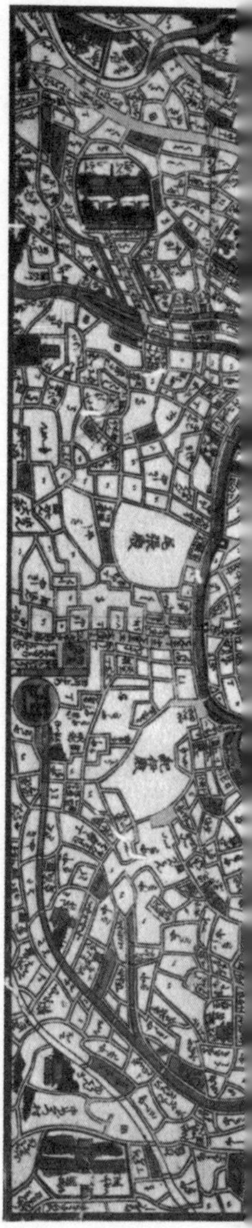

第十章　沒有地址

這座城市的街道沒有名字。的確有可供書寫的地址，但僅供郵務用途，屬於地籍資訊（依街區與房屋群而分，不含幾何概念），箇中學問唯郵差可知，訪客無法領會：這座世界最大城，實際上無可歸類，構成都市的細部空間缺少名稱。這般架空房舍名字的方法，似乎對那些（就像我們）習慣抱持「最方便的往往最合理」想法的人造成不便（根據那項原則，最佳的都市規畫法應該是以數字來命名的道路排列，就像美國都市或京都——中國式的都城）。東京卻讓我們覺得，合於理性只是眾多系統中的一種。為了掌握真實狀況（在此指地址的真實意義），只要有個系統就行了，就算這個系統明顯不合邏輯，複雜得毫無意義，奇怪而不協調：我們知道，好的修補整建不但能維持很久，還能滿足數百萬早已生活在科技文明完美運作體系裡的居民。

這種隱藏街道名稱的做法，透過若干權宜之計來補足（至少我們看起來是如此），將

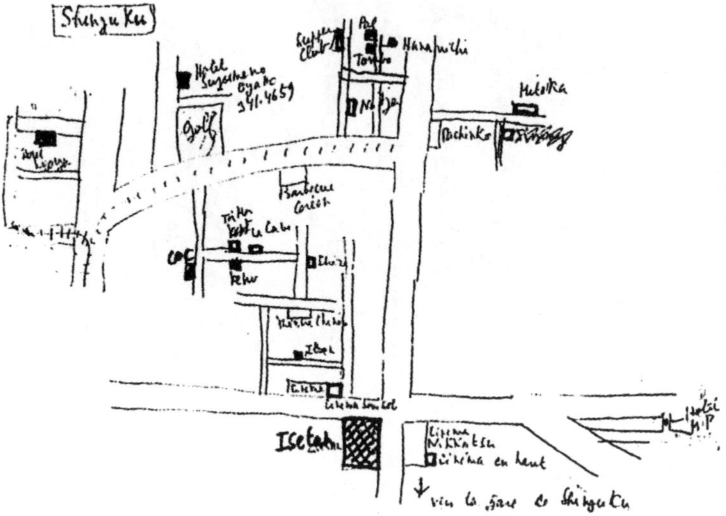

手繪地圖

這些方法結合使用，形成系統。我們可以在一張導覽圖上找出地址（用畫的或用印的），那是一種類似地理位置圖的東西，用人人熟知的圖示將所在地標記出來，例如一座火車站（當地居民都擅長信手揮毫畫出這種圖，我們看著他們在小紙片上速寫，畫出一條街、一棟房子、一條水渠、一段鐵路、一塊招牌，互換地址成了一種微妙的溝通交流，身體生命和圖文揮灑藝術於此重生。看人家寫字，總是件愜意的事，看人畫畫更是如此：每當有人這樣留地址給我，我就會牢牢記下對方的姿態，他會把鉛筆倒過

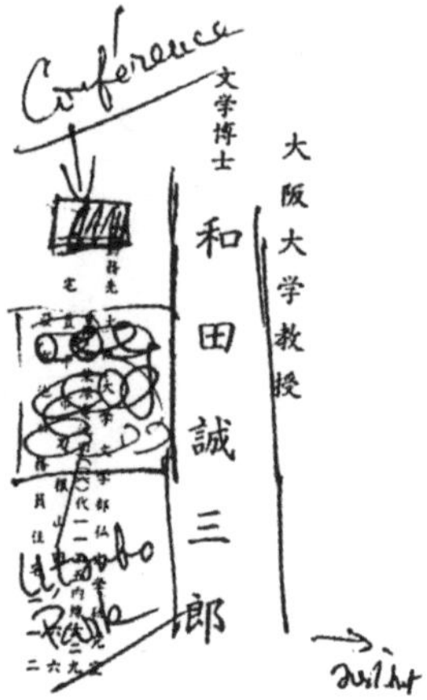

來，輕輕地用另一頭的橡皮擦，擦去那些多餘的街道彎曲線條以及高架橋的交會點。雖然橡皮擦與日本的書寫傳統背道而馳，但這種姿勢仍然孕育出一些平和、溫柔、確實的感受，似乎即便在如此平淡無奇的動作中，「身體在勞動時也比心靈多點保留」，這是演員世阿彌[1]的名言。製造地址的樂趣遠遠超越地址本身，令人傾倒，我本來就希望別人花好幾個鐘頭留地址給我）。如果已經知道目的地，我們還可以親自指揮計程車駛過大街小巷。最後，我們甚至可以央求司機聽命於遠來遊客，利用那些幾乎設置在街上每家攤販前方的大紅電話亭來引導，順利抵達目的地。這一切，都使這種視覺經

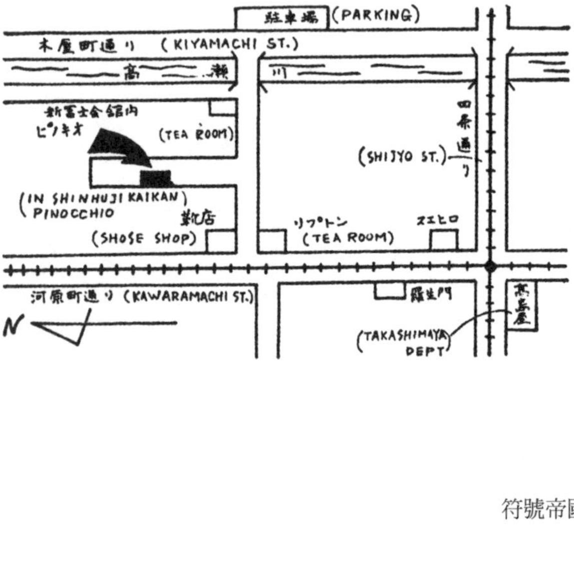

驗成為指引方位的決定因素：對描述叢林或灌木叢來說，可能平庸、毫無價值，但對一座現代大都市而言，或許有用。一般來說，我們透過地圖、旅遊書、電話簿來了解這座城市，簡言之，是仰賴印刷文化而非姿勢表現。在此，情況正好相反，居所並非抽象立於其地，除去地籍資訊的涵義，它只是純粹的偶然：只論事實，不談其合法與否，它不再顯示出身分認同與歸屬感的組合特質。這座城市只能透過民族誌的實驗來理解：必須在其中找出方向、定位，並非透過書籍、地址，而是藉行走、觀察、習慣及經驗去探索。所有新發現的事物都非常緊密及脆弱，它只能透過回憶留在你身上的痕印，才能重新尋獲。第一次造訪某地，就是開始書寫它：地址並未寫下，它必須建構自身的書寫。

1　世阿彌（一三六三～一四四三）：日本能劇作家、理論家，人稱「觀世大夫」。他使「能」擺脫了過去的粗糙，發展成綜合性的貴族戲劇。著有《風姿花傳》等二十餘部戲劇理論書，更在能劇理論中提出「幽玄」概念，特別強調演員內心活動。發表「心動十分，身動七分」、「妙趣寓於無動作之中」等著名論點，觸及表演心理學重要課題。

Le rendez-vous

peut-être
tabun

impossible
de ki nai

fatigué
tsukareta

je veux dormir
netai

會面

也許
tabun
不可能
deki nai

疲憊
tsukareta
我想睡覺
netai

第十一章　車站

在這座大都市、一個真正的都會區裡，每個區域的的名字都清楚標示在那有些空洞的地圖上（因為街道都沒有名字），就像一張很大的新聞圖片；這樣的呈現方式，在意義上強烈呼應普魯斯特（Marcel Proust）在〈地名篇〉（Noms de Lieux）[1]親自探索過的世界。要說每個街區如此狹窄、密集，在其名稱所涵蓋的地帶都塞得滿滿的，那是因為它有一個中心，而此中心完全沒有信仰、心靈上的象徵意義：往往，它是座車站。

車站是個巨大的有機體，長途火車、市區火車、地鐵、百貨公司及整個地下商業活動都在此容身落腳。根據某些都市設計師的說法，車站在區域中負起標誌作用，讓城市產生

1　出自馬塞爾・普魯斯特（一八七一〜一九二二）《追憶似水年華》（*À la recherche du temps perdu*）其中篇章。

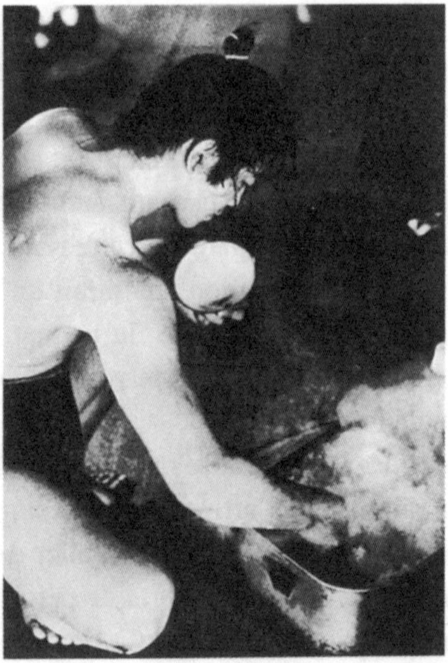

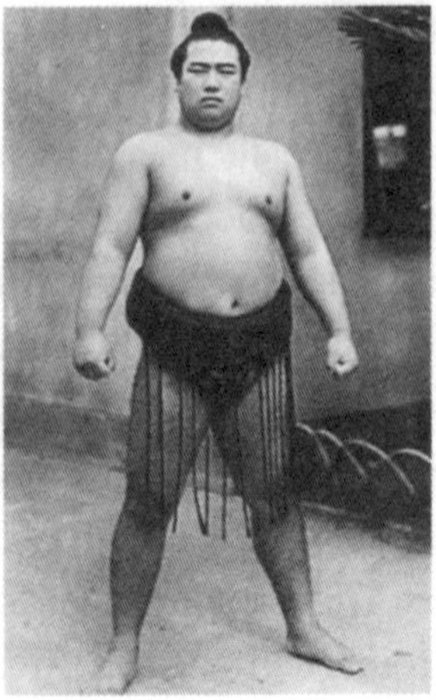

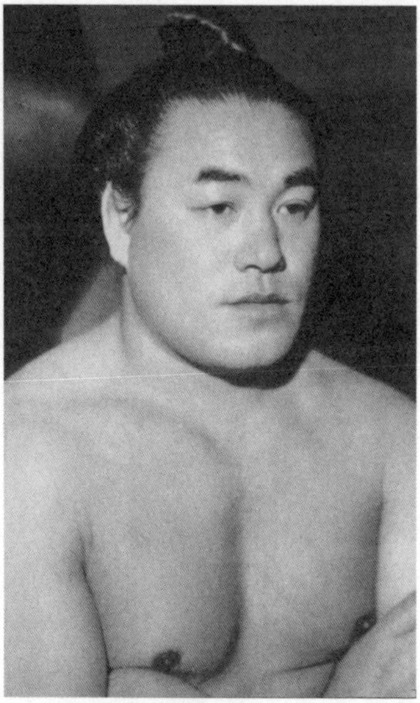

相撲選手

這些相撲選手構成一個階級；他們離群索居，留長髮，吃著規定的食物。比賽過程僅電光一瞬：只要讓壯碩的對手倒下就行了。沒有危險、沒有戲劇感、沒有耗損，總之，根本不是運動：只是重量的符號，沒有對決的亢奮。

意義，供人解讀。日本的車站裡，有千百條大小路徑穿越來往，功能多樣，從旅行到購物，從服裝到飲食，一應俱全：每列火車都可以通往一家鞋店。車站用於消費、過路、出發，保有獨一無二的建築風格，它（這全新的複雜結構是否應稱之為車站？）的神聖特性消除了，而這神聖特質通常是我們西方都市的主要標誌元素：大教堂、小教堂、市政府、歷史古蹟。在此，這種標記平凡乏味，毫無詩意。當然，市場也常常是西方城市的中心場所。但是，在東京，商業交易打亂了車站的往來流動特質：總是在離別、動身、啟程，這阻礙了那種集中感。我們也許會說：在此消費僅僅是包裝的準備工作，而禮物包裝本身，更只是通行證，一張讓人出發的車票而已。

如此一來，每個區域都聚集在車站的空洞之中，一個虛無的人車匯流之處，那裡，展示著悲歡交織的眾生相。今日，我決定漫無目標地在市區隨處閒晃，就只是為了依照名稱排列順序，延伸對每個區域的觀察、感受。我知道，在上野，我會來到一座車站，看到一堆年輕人在地上練習滑雪，但它的地下樓層廣大如都市，有一整排小吃店和熱鬧的酒吧，成群的遊民、遊客在髒亂的走道上睡覺、聊天，甚至坐在地上吃東西，最終形成一幅底層世界如小說般的景象。又有一天，我去到另一區，就在上野附近：淺草的商店街（步行區）。那裡有紙櫻花的裝飾，商家出售新款的衣服，既好穿又便宜：大皮夾克（保證合法）、邊上一圈黑毛的手套、長長的羊毛圍巾，可以披在肩膀上，就像鄉下小孩放學回家時穿戴的那樣。還有皮帽，以及工人們為了保暖所使用的滑順光亮的羊毛製產品；而一個個冒著熱煙的大鍋裡正在煨煮麵湯，更加凸顯了這項取暖的需求。而在皇家御苑另一邊（就像我們曾提過的，它是空的），是另一群人的地盤：池袋。那裡有粗野和友善的工人、農民，就像一隻大雜種狗。所有區塊都產生不同的族群、不同的身體，以及日新月異的熟悉感。穿越這座都市（或是走進它的深處，因為在地下有酒吧和商店構成的網絡，有時只要穿越這個窄門隨便走進去，你就會發現那裡豪奢、擁擠，猶如踏入充滿商品及歡愉的黑色印度），就等於由北到南在日本旅行，並將這些書寫下來的面孔疊合、對應在全國的地緣空間上。如此，每個地名都敲響一陣回音，令人想起農村生活，那裡每一個人都像住在同一個移民部落，而他們所在的大城就像叢林。這股在地聲音乃是歷史的回響，在此，這些名字富含意義，它不僅是回憶，而是一抹傷逝的追念。似乎整個上野、整個淺草，都在這首古老俳句中，化入我心（出自十七世紀俳聖松尾芭蕉[2]之筆）：

櫻花盛開如雲：
鐘響。上野的鐘聲？
還是淺草的？

2　松尾芭蕉（一六四四～一六九四）：日本德川時代俳句大師，世人譽為「俳聖」。芭蕉繼承和歌與漢詩古典傳統，提出枯淡、閑寂、輕妙等美學概念，融匯「人生即旅」、「諸行無常」之存在哲學，蕉門蕉風一脈相傳，影響深鉅。最高傑作為俳文、俳諧交織而成之遠行旅記《奧之細道》。

第十二章　包裝

如果說日本的花束、物品、樹木、臉孔、庭園、文本、事物及風儀習俗，在我們看來都是小小的（我們西方的神話運作模式崇尚巨大、廣闊、寬敞、開放的東西），倒不是出自它們的大小，而是因為所有的物品和姿勢，就算是最自由、最容易活動的東西，都好像框在裡面。事物的微小並非出於尺寸，而是根據某種精確度，自劃界線，知道該在何處停止或結束。這種精確度不甚合理，也不含道德寓意：事物在清教徒式的嚴整風格中（整潔、坦率，或是客觀）並不明確，反而挾帶某種幻覺、空想性質（類似波特萊爾〔Charles Baudelaire〕所說的那種吸食大麻產生的幻覺）[1]，或是某種切斷，卸除了意義的表面冠飾，斬斷與事物的真實存在關係，且與事物在世界上的位置再無牽連，這是一種完全的逃遁。但是我們無法看見這個框架：日本的東西沒有輪廓，沒有色彩。輪廓不明顯，也不是一種「布滿」顏色、陰影、筆跡的圖畫。在它的四周，什麼都沒有，只有一個使其黯淡無光的空洞空間（所以在我們眼中看來，它縮退、減少、變得很小）。

我們可能會說，物品在有意無意間，摧毀了它所在的空間。例如：房間保留著某些劃定出來的界限，比方說地上的草蓆、平直的窗戶、用木條貼得緊緊的牆壁（純粹的表面形象），如此一來，我們就看不出拉門在哪裡。在此處，所有的東西都是線條，房間就像用毛筆一筆揮成的。不過也因為次一層的配置，反而又破壞了這種空間的嚴密規畫：牆板很脆弱，易碎易裂，牆壁可以滑來滑去，家具可以隨意搬動、拆卸，我們似乎可以在這個日式房間裡找到此般「幻想」（特別是裝飾品），透過這種幻想，每個日本人都可以摧毀——不需費力或用戲劇手段來顛覆——因循守舊的框架。還有，在日本嚴格設計過的（用西方的美學語言來說）插花藝術中，這種樣式的象徵意圖，在所有的日本旅遊書和介紹花道（Ikebana）[2]的書籍中皆有論及，真正創造出來的東西，是空氣流動。總之，花朵、樹葉、枝枒（這些字太植物學了）也只是將牆壁、走道、檔板，套用稀有的概念，精微地

1 夏爾．波特萊爾（一八二一～一八六七）著有《人造天堂》（*Les Paradis artificiels*）一書，書中論及大麻等迷幻藥品與感官、創作之關係。

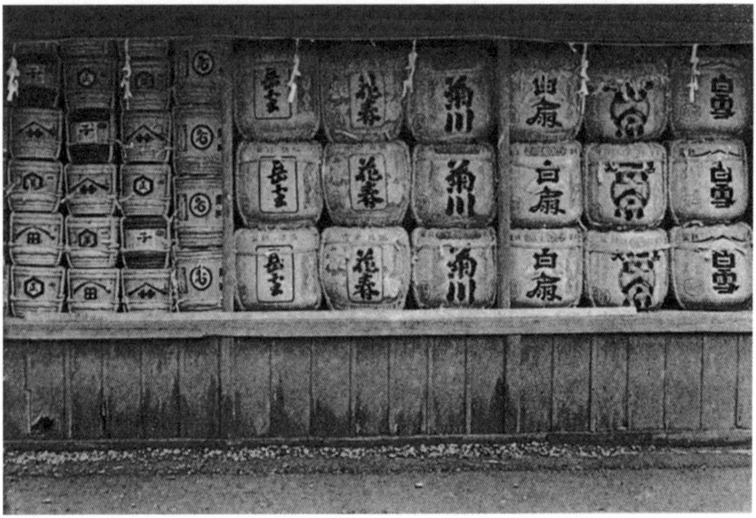

描繪出來，而我們卻把這種表現方式與自然分離開來，似乎只有大量、豐盛才能證明自然。日本的花束有著體積，是件不為人知的傑作（chef-d’œuvre inconnu）[3]，就像巴爾札克（Honoré de Balzac）筆下那位名叫風鷗飛（Frenhofer）[4]的主角所夢想的一樣，希望觀者可以走到畫中人的背後。我們可以移動身體，鑽到枝葉間隙、高低不一的透空縫隙中去看，不是為了閱讀它（讀出它的象徵意義），而是為了追蹤插好這束花的那隻手所留下的痕跡：這是真實的書寫成果，因為它創造出體積，為了不讓我們的閱讀變成一種單純解讀訊息的形式（即便它很明顯隱含某些象徵），乾脆讓我們去重複一遍書寫的過程。最後（特別是這一點），甚至不用把日本出名的盒子包裝遊戲——一個盒子跟另一個盒子層層套在一起，直到套不進去、剩下空無為止——視為含有什麼象徵意義，光從這最簡單的日式包裝中，就可以看出某種對語義的沉思。細心地透過製作的技法，巧妙運用紙盒、木頭、紙張、小緞帶，在包裝上一絲不苟地畫著幾何圖形，也常在某個不對稱的位置折一下、打個結。包裝不再只是移動物品的暫時陪襯，它自己就成為一件物品。外殼本身化為貴重之物，但卻免費附上。包裝藝術就是一種思想。因此，在一本略帶色情意味的雜誌上，我們看到一位日本的年輕裸男，繩子把他整齊地綁起來，像根香腸。人們很天真——或很諷刺地——吸收並實際運用了性虐待涵義（出自誇炫更甚於完美），並非出於

2　日本古典插花藝術。於六世紀時由中國僧人傳入日本，原為獻花禮佛儀式，一般使用窄口高腳瓶或細高花瓶，依循既定插花準則來設計擺樣。日本最古老之花道流派為池坊流，由小野妹子（生卒年不詳，飛鳥時代人）於七世紀初創始於京都六角堂。「池坊」一詞後來也泛指所有的日式插花藝術。

3　指巴爾札克（一七九九～一八五〇）收錄於《人間喜劇》（*La Comédie humaine*）之小說《不為人知的傑作》（*Le Chef-d'œuvre inconnu*）。故事探討語言文字、視覺、藝術、想像、幻想之間的關係，為重要現代藝術寓言。

4　《不為人知的傑作》故事主角。

被動，而是藝術的極端風格，也就是：包裝的藝術、綑綁的藝術。

可是正因為包裝的完美，這種外殼經常重複使用（我們可以一層層拆開，沒完沒了），讓人無法一眼就看到裡面裝的東西——內藏之物通常不重要，這正是日本包裝的一大特點，內容物價值不高，與外包裝的豪華不成比例：一顆糖、一小塊甜豆糕、一件不起眼的「紀念品」（很不巧地，日本人善於生產這些東西），都要像珠寶一樣閃亮豪華地包起來。總之我們可以說盒子才是禮物本身，而不是裡面裝的物品。小學生成群結隊出外郊遊，回家時給父母帶了一件包裝精美的東西，不知道裡面裝著什麼，好像他們去了很遠的地方，對他們來說是個機會，可以在拆下禮物緞帶的過程中，沉浸於包裝所帶來的喜悅。如此一來，盒子就產生符號功能，做為外殼、屏障、面具，它和裡頭所隱藏、保護、指涉的物品完全等值：它使人上當。如果我們從這個用詞在金錢以及心理層面的雙重意義上來看，就是如此。但盒子裡裝的那件東西所代表的真正意義卻延後出現，似乎包裝的功用並不是在空間上保護物品，而是在時間上拉開距離。物品製造（手法）的功夫似乎都投注在這個外殼上。然而，也正因如此，原來身為主角的內容物失去了存在意義，變成一個虛無的幻象：從外殼到外殼之間，實質意義逃逸無蹤。而當你終於把它拿在手上的時候（包裝

茶粉，書寫之網

裡面總是有個小小的東西），它看起來卻是無比渺小、可笑、毫無價值：愉悅——符徵的國度——消失了。包裝裡面並非空無一物，而是蓄意淘空了，找到裡面包的東西或是符號中的實際涵義，就等於把它們統統丟掉。日本人用螞蟻般力氣所搬運的東西，其實只是一個個空洞的符號。因為在日本有很多可稱之為運輸工具的東西，五花八門，奇形怪狀，材質各異：包裝袋、書包、手提包、行李箱、麻布包（*le fujò*：農民用來包東西的手帕和頭巾）。在街上，每個市民身邊總有個包，一個空無的符號，他們積極地保護它，輕快地帶著到處跑。似乎那種完善、裝飾、幻想式的輪廓——建構日本物品的要素——使它注定成為普及的載物工具。要卸除事物的豐富及意義的深刻，只能以施加於人造物品之上的三種特質為代價，那就是：簡潔、可移動、空無。

第十三章　三種書寫

日本文樂（Bunraku）[1]中的木偶高約一至三英呎。木偶外型有男有女，都做得小小的，四肢、手腕、嘴巴都會動。每尊木偶由三個人操控，觀眾看得到他們，他們在旁邊圍著、支撐著、緊貼著：領班的操偶師抓著木偶的上半身及右臂，他的面孔毫無遮掩、光滑、明亮、淡漠、冰冷，像顆「剛洗淨的白洋蔥」（芭蕉之語）；兩位助手穿得一身黑，一塊布遮住他們的臉。一個人戴著手套，但大拇指露出來，拿著一把綁著線的大剪

1　日本國寶戲劇，又稱「人形淨琉璃」。構成文樂三大要素（三業）為：木偶、三味線、義大夫（配唱人）。偶身需三名偶師合作操控，其中一位是主導者，控制頭部、右手、眼睛、眉毛、嘴唇，兩名助手全身黑裝，不露面，負責操縱左手及雙腳。表演在文樂座（文樂劇場）舉行。本戲劇藝術已列名聯合國教科文組織「人類非物質文化遺產」名單。

把圖倒過來看：
沒有多出什麼，也沒有別的東西，什麼都沒有。

Renversez l'image :
rien de plus, rien d'autre, rien.

刀，用它來移動木偶的左臂和左掌；另一位低身爬行，撐著偶身，使它走動。這些人一面做動作，一面沿著一條不太深的溝道來來回回，觀眾可以看到他們的身體。布景在後方，像在劇院裡那樣。另一邊，有一個檯子留給樂師及配唱人[2]，他們的任務是把文本表達出來（像我們去擠壓水果一樣），這個文本的呈現方式半說半唱；中間穿插三味線（shamisen）[3]琴師撥彈出來的響亮琴音，演出既精準又有力道，既暴烈又設想精妙。配唱人滿身是汗，動也不動地坐在小譜架後面，架子上放著一冊大劇本，他以此為本照著念唱，每當劇本翻過一頁的時候，我們還可以遠遠地瞄到頁面上的直行文字。一塊緊實的三角布繃在他們肩膀上面，像一面風箏，眶住他們的臉，這些臉孔直接承受聲音的折磨。

因此，日本文樂操演著三種分離的書寫模式，同時提供三種不同的景觀讓人閱讀：木偶、操偶師、大吼大叫的配唱人。也就是：執行的動作、真實的動作、聲音的動作。聲音是現代人的真切課題、語言的特殊質素，我們總是想用聲音征服一切。文樂與此完全相反，它有一種限制聲音的概念，並非把聲音完全抽離，而是賦予它一種定義清楚、本質上又不起眼的功能。在配唱人的聲音之中，其實集合了下列要素：誇張過頭的朗誦、震音、高音、像女人一樣的尖嗓、斷斷續續的語調、哭泣、憤怒至極、怨恨無比、苦苦哀求、驚奇不已、過度矯揉做作，情緒的百種面貌，發自體內、發自肺腑，以喉部肌肉為媒介，淋漓盡致地釋放出來。而且，這種情緒的氾濫表現，也只能透過氾濫本身的符碼展現出來：聲音也只是在這不連貫、狂風暴雨般的符號之中流動，發自那個一動也不動的身體，衣著裝飾把它變成三角形，它與劇本內容有關，劇本放在譜架上，指導聲音如何運作。這聲音也會刻板地穿插進三味線偶爾奏出的幾段稍稍走調（因此就有點不夠精準的）琴聲。這股聲音依然有書寫、斷續、符碼的特質，屬於某種反諷手法（如果我們可以除去這個詞的挖苦涵義）。此外，這聲音所表露的，終究不是它所承載的東西（那些「情感」），而是它自己，和它本身的那股放縱。符徵靈巧地完成的，只是把

2　日語稱此配唱人為「義大夫」。在文樂中，此人負責演唱故事情節，乃掌握整場演出之靈魂人物。

3　日本傳統撥弦樂器。有三弦，長柄，琴身有一彎曲軫斗，兩邊裝上琴軫，源自中國三弦。十六世紀由琉球傳至日本本土，在民間及藝術音樂中廣泛使用，做為抒情歌謠、敘事歌曲及歌舞伎樂隊之伴奏樂器。演奏時用大撥子彈撥，不同撥子產生特定類型音樂所需的獨特音色。

歌舞伎演員和他的兩個兒子

東方的男扮女裝演員不是要模仿女人，而是象徵女人；他並非一味黏附在女性原型之上，而是擺脫了其符徵影響；女人的特質是供人閱讀，而不是用來看的：演員要轉譯出這樣的特質，而不是違背它；符號從重大的女性角色，變身為五十多歲的一家之父形象：人還是同一個，但隱喻始自何處？

le signe est une fracture
qui ne s'ouvre jamais que sur le visage
d'un autre signe.

符號是一種斷裂，
它只開展在另一個符號的面貌之上。

出自茶道大師的花藝擺設

自己翻過來，像手套一樣。

所以這股聲音並未廢除（而是藉此禁制它，也就是：指出它的重要之處），它安置在一旁（依劇場空間來看，配唱人擁有的是一個在側邊的檯子）。文樂賦予這聲音一種平衡力度，或這樣說吧：讓動作逆向而行。這個動作有兩種：透過木偶表現的情感動作（觀眾？操控者？在木偶情人自殺的時候落淚），以及透過操偶師之手完成的轉移動作。在我們西方的戲劇藝術中，演員假裝有行動，但他的行動永遠只是姿勢而已，舞台上沒有別的，只有戲劇，而且是刻意隱藏觀點的戲劇。日本文樂（這是它的定義）把動作與姿勢分開來，它把姿勢表演出來，讓觀眾自己去發現動作，同時展露這門藝術的精髓及操作過程，為兩者保留了各自的書寫空間。聲音（不用負擔風險，儘管讓它觸及它滿溢出去的領域）伴以大量的寂靜無聲，卻同等精妙地刻畫出其他的特質和書寫。在此，出現了一種前所未見的效果：遠離聲音，幾乎不去模仿聲音，這些無聲書寫——一者是轉移型，一者是姿態型——製造出一種特殊的激動感，也許就像某些藥物所引起的心智敏感。言語沒有經過淨化（日本文樂與禁欲苦行毫無關係），但我們可以這麼說，它已經集中到遊戲的另一面，那些揮之不去的西方戲劇特質已然崩解，情感不再氾濫，不再淹沒一切，卻成為閱讀的對象，陳規舊套消失了，然而，表演並未落入遍尋新意、「新發現」的處境。當然，這些觀念都呼應了布萊希特（Bertolt Brecht）[4]提出的疏離效果理論[5]。從我們那裡看來，那種距離是不可能、毫無意義、荒唐可笑的，所以我們極力摒棄這個理論，儘管布萊希特把這套說法視為劃時代的戲劇創作理論核心（而且，毋庸置疑，前者解釋了後者）。日本文樂解釋了這個距離是如何運作的：運用不連貫的符碼，運用不同表現手法操作出來的頓挫，如此一來，精心呈現在舞台上的那套劇本並未毀去，而是打破、留下紋路，並擺脫了聲音、姿態、靈魂、身體中，那種束縛住西方演員的轉喻感染力。

誠然，做為一種既完整又分離的表演藝術，日本文樂排除了即興演出：回到那股率真，就是回到構成西方戲劇「深度」的陳規舊套。正如布萊希特所見，在此，支配一切的是引文，它是寫下來的一筆，也是符碼的斷片，因為沒有一位操偶師可以用他的人格來擔保，證明在劇場中執行書寫動作的只有他一人。如同在現代文本中，符碼、參照之物、互無關聯的論斷、集結在一起的動作，所有這些東西編織在一起，擴充了書寫空間。這並非依靠一些形而上感染力的功效，而是透過一種組合的相互作用，朝向整個劇場空間敞開：

一方開始，一方接續，從不間斷。

因此，書寫**隱遁**在刻寫的架構之下，因為它發自一種不可觀視的抽退與隔離（並非面對面相遇，那轉眼間使人興奮的，不是眼前所見，而是描畫下來的線條），揮筆之間，將底景劃分成一道道長廊，像是要召喚出那層層空無，書寫於此完成——它只是**拉開**成平面、交織為平面，我們賦予它一個不是背景的背景，朝向一個不再是平面的平面，而是一筆而下**書寫出來**的纖維質（筆勢在掌中拉、挑）——表意文字便如此回到筆桿上——管子或是梯子——層層疊疊、複雜的標記線，標出音階中的單音：這柱筆桿可稱為「虛腕」，

4 貝爾托．布萊希特（一八九八〜一九五六）：德國著名劇作家、戲劇理論家、導演、詩人。一生創作五十餘部多幕劇和短劇，提出「史詩戲劇理論」、「疏離理論」，影響現代劇場甚鉅。

5 由布萊希特提出之劇場理論。旨在不讓觀眾相信舞台上親眼目睹之景象就發生在此時此地，而要觀眾體認到舞台上發生之事，只是記錄過去，人們應該以批判分析態度來看待。要求藝術家站在史學家立場，用超凡眼力觀察生活，將司空見慣之事物表現得不平常、令人稱奇，進而探求事物根源，使戲劇發揮解釋世界及改造世界之雙重作用。

首先，出現一條「特殊線路」，使氣勁穿貫於削瘦凹陷的手臂之上，這完美無瑕的運筆動作，蘊生出「藏鋒之美」或「筆下不留痕」之境。

——飛利浦・索萊（Philippe Sollers），〈論物質主義〉（Sur le matérialisme, 1969）

第十四章　有生命與無生命

日本文樂干擾了有生命、無生命物之間互為對立的基本定律，化消雙方差異，也不偏袒任一方。在西方，木偶（例如：邦奇〔le polichinelle〕[1]）是為了給演員一面相反的鏡子，它將生命賦予了原本無生命的物體，但卻是為了展現其墮落感及可恥的呆滯。做為「生命」的一幅諷刺圖像，它確立了生命的道德界線，且有意將美麗、真實、情感全數植入演員活生生的軀體之中，然而，卻把這個演出的身體變成了一種假象。木偶戲並不強調演員本身，反而將他剔除。用什麼方法？精確地說，是透過某種對人類身體的概念，強調無生命物質比生命體（占有「靈魂」）擁有更多無窮的活力與彈性。西方（自然派的）演員的樣子向來都不好看，他只求他的身體擁有生理的素質，而非造型，它是各種器官的

1　義大利喜劇、木偶戲中駝背丑角。

集合體、由激情化成的肌肉組織系統，每一種展現手法（聲音、表情、動作）都屬於某種體操訓練；雖然演員的身體由充滿激情的要素劃分而成，但卻透過一種全然走向資產階級思想的風格，它只能仰賴生理學觀點，替這個有機整體找個說詞，去解析「生命」：在此，木偶就是那位演員，儘管身受重重框限，它所表現出來的不是溫柔撫觸，而僅僅是發自肺腑的「真實狀態」。

我們西方戲劇藝術的發展基礎，其實不在於製造現實的假象，而在於製造整體的假象。從希臘歌舞劇到資產階級歌劇，我們不時將歌劇藝術視為多種表現手法同時運用（演技、歌唱、模仿）的產物，其來源獨一無二、無法分割。它出自身體，要求整體以有機組合，作為樣本：西方的藝術表演都是擬人的，在表演中，動作及語言（此處不談歌唱）形成一個單一組織，堆在一起，滑順地像一塊獨立的肌肉，盡情表現，卻不分割，動作與聲音集合在一起，生產出在表演的那個人。換句話說，在這個集合體中，構成了角色的「人格特質」，也就是演員。事實上，在「生動」及「自然」的外在表現之下，西方演員保留了他身體的劃分，因而孕育滋養了我們的幻想：這邊有聲音，那邊有目光，另一邊的表演術則充滿愛欲，有多少身體部位，就有多少崇拜的對象。西方的木偶也是（在邦奇木偶表演中可以見到）一種幻想下的副產品：做為一種抑制行為、一陣刺耳的強烈反射，這種諷諭的模仿手法不斷提醒我們，應該思考人類文明秩序與這反射之間的依存關係。木偶不像完整的身體那樣晃動著，卻像來自演員身上硬梆梆的一部分，像機器一樣，它仍然是一段動作、跳動、震動、不連續的本質，就像身體動作的分段投影。最後，像一隻玩偶，讓人憶起那段破布條、纏繞生殖器的綁帶，就是那稱之為「小傢伙」（「das Kleine」）的陽具，從身上掉下來，成為崇拜物。

也許，日本的木偶還保留著這種幻想來源中的某個東西，但木偶戲這門藝術卻賦予其不同的意義。文樂之表演目的並不在於使無生命物體「產生生命」，設法讓身體的一部分、人體的細碎軀肢動起來，同時保存其做為「部分」的作用。我們可以這麼說：它所追求的不是模仿人體，而是抽象的感官意義。每一樣我們獻給整個身體的東西，從我們演員那種「活生生」有機體轉化而來、然後排斥掉的那些東西，木偶戲裡的小人偶都把它們匯集起來，真實無欺地傳達出來了：脆弱、謹慎、豪華、前所未見的細節、對一切庸俗的捨棄、如樂曲旋律般的動作節奏，簡言之，就是古代神學幻夢中，賜予光榮救贖身體的那些特質，也就是：平靜、清晰、靈敏、微妙。這就是日本文樂達到的成果，它就是如此將作為崇拜物的身體，轉變成讓人喜愛的身體；它就是如此拒斥了有生命、無生命的二元對立觀，也否決了隱藏在一切有生命物質背後，或可簡稱為「靈魂」的概念。

第十五章　內心與外表

且以近幾個世紀以來的西方戲劇為例，它的主要功能在於表達我們視為祕密的事物（「情感」、「情境」、「衝突」），卻同時要將表現過程中的人工技法痕跡隱藏起來（道具裝備、繪畫、脂粉、光源）。義大利式的舞台空間，讓這種假象（藝術）在其中盡情發揮，內心世界裡發生的一切都悄然展現，觀眾則躲在暗處窺視，驚嘆不已，盡情品味。這個空間是神學般的存在、罪惡的場所：一邊是演員，燈光打在他身上，他卻假裝不受影響，這是姿態和詞語；另一邊是觀眾，身處黑暗，變成意識。

日本文樂並不直接破壞房間和舞台之間的關係（儘管日本的空間永遠不比我們的空間來得閉鎖、昏窒、沉重），它更深刻改變的是角色與演員之間的驅動連結，我們西方把它看成是傳達內在世界的一種方法。別忘了在文樂中的那些操偶師，個個面無表情，觀眾也看得到他們。這些人穿得一身黑，圍著木偶，忙來忙去，卻不會裝出一副敏捷又謹慎的樣子。有人可能會說，他們不是用炫技來煽動情緒。他們的動作安靜無聲、迅速、優雅，完美地傳遞著訊息、操作著道具，精采結合了力量與靈巧，凸顯日本人肢體動作的特色，就如同展現效率的一種美學外殼。來看看那位操偶師傅：他的頭部露出來，光滑、禿裸、脂粉未施，這個面貌帶給他一種世俗的標記（而非戲劇的），他的臉朝向觀眾，任人解讀，但他小心翼翼、視若珍寶端出來給人閱讀的東西，竟是一無可讀。我們又再次碰到這種西方人不易理解的意義架空，因為對我們來說，抨擊意義就是把它隱藏或顛倒，但絕不是把它抽走。在日本文樂中，戲劇的來源力量展露在空無之中。自舞台上驅逐掉的是那種歇斯底里，也就是戲劇本身，取而代之的是製造出表演的必要動作，製作過程取代了內心世界。

因此，像某些歐洲人一樣，想要知道觀眾是否會忘記操偶師的存在，一定白費功夫。日本文樂不會隱藏什麼，也不會渲染那種誇張的表現手法，它因而抹除了演員在表演時的一切神聖韻味，斬斷了西方人不斷想要建立的形而上連結，這些連結存在於靈魂與身體之間、原因與結果之間、動力與機制之間、操偶師與演員之間、命運與人之間、上帝與生物之間。如果幕後操縱者沒有躲起來，為何你要把它變成上帝？如何變法？在日本文樂裡，木偶並未用任何線綁住。沒有線，不再運用隱喻，也沒有命運之神。木偶不再滑稽地模仿各種生物，人也就不再是神明掌中的木偶，內心不再支配外表。

第十六章　鞠躬

為何在西方，人們總是以懷疑眼光來看待禮貌？為何謙恭有禮就代表距離感（除非是種逃避）或虛偽？為何比起正式、按規矩來的關係，人們更渴望一種「非正式」的關係（就像我們在此很貪心的提出來）？

西方人的無禮乃是出於某種「人格」的神話模式，從拓樸學的角度來看，西方人是出了名的雙面性格：由社會、做作、虛情假意的「外表」及個人真實（此乃神聖的溝通地帶）的「內心」所構成。根據這番描述，人類的「人格」就是充滿自然本貌（或神聖、或罪惡）的場所，一副不受尊重的社會外殼把它束縛、封閉起來。那種禮貌的姿態（當我們要求它的時候），就是表示尊重的符號，藉由世俗的限

到底是誰向誰敬禮呢？

制（也就是不管這種限制、甚至透過這種限制），將這些豐富的性格面貌轉換成另一種豐足。然而，一旦將這種人格的內心世界視為可敬，那麼邏輯上就要否定掉所有因世俗外殼而產生的利益，才能更加認可這個人，也就是所謂坦白、粗魯、赤裸的關係。切斷（試著這樣想）所有描述特徵的方法，毫不在乎一切媒介符碼，這樣最能尊重別人的個人價值：粗魯無禮就是真心對人，這是西方道德觀的邏輯說法。因為，如果真的有一種人類的「人格」（緊密、充實、集中、神聖的），那我們在問候的時候（用頭部、嘴唇、身體）首先「致敬」的對象就是這個人格，但是我自己的人格不免與他人的自足起衝突，唯有丟開所有虛偽、做作的媒介，肯定「內心」的完整性（這個字未免抽象，我指的是生理與心理雙方面），才有辦法認可我自己的人格。第二步，我將減少我的禮數，讓它假裝看起來很自然，發自真心，擺脫、滌淨一切符碼意涵。我將變得不太親切，或是雖然親切，卻明顯是根據幻想所編造出來的假和氣。就像帕爾瑪公主（Princesse de Parme，普魯斯特小說裡的人物）不斷強調她的豐厚收入及崇高地位（也就是透過這種方式，表現她如何「坐擁」財富、如何保有她身為富人的地位），不是靠一種產生距離感的呆板行為，而是靠那刻意表現出來的「簡樸」姿態：你看我這人多麼樸素、多麼親切優雅、多麼坦率、多麼單純地就是某一個人！這就是西方不拘禮節所呈現的樣子。

另外一種禮貌行為，則透過符碼儀式的繁文縟節、清晰明確的姿態形象來體現。甚至對我們來說，這種敬禮動作過度誇張（換言之，在我們眼中看來有些「丟臉」），因為我們習慣依照某種人性的形而上觀點來解讀，而這樣的禮儀乃是某種空無的實踐（我們也許希望遇見一個強烈卻「無任何意義」的符碼），兩個身體面對面深深一鞠躬（雙手、膝蓋、頭部總是放在同一個位置），遵照制定好的微妙符碼意義，決定彎下去的程度。還有呢（在一張古老圖片上），為了送禮給對方，我得要彎著身體趴下去，貼在地上不起來。為了回禮，對方也做出同樣的動作，一樣彎得很低，貼到地面。一個動作把贈禮者、受禮者和這項禮節的賭注品（禮物）結合起來。在那做為禮物的盒子中可能什麼都沒有，或只有一丁點小東西。在互贈禮品的過程中，出現一種圖畫般的形象（刻畫在房屋的空間之中），透過這個形象消除了一切貪婪之心（禮物懸置在形象成形前和形象消逝後的時空之中）。此刻，這種禮貌敬意表現，終於擺脫了一切恥辱和虛榮。因為嚴格來說，這樣的動作沒有受禮對象，它並不是兩個自足個體之間或兩個人格帝國之間的溝通符號（費心觀察、高傲垂憐、謹慎提防的，兩者各自統御著它的自我小國度，也掌握了「入門之

le cadeau est seul :
il n'est touché
ni par la générosité
ni par la reconnaissance,
l'âme ne le contamine pas

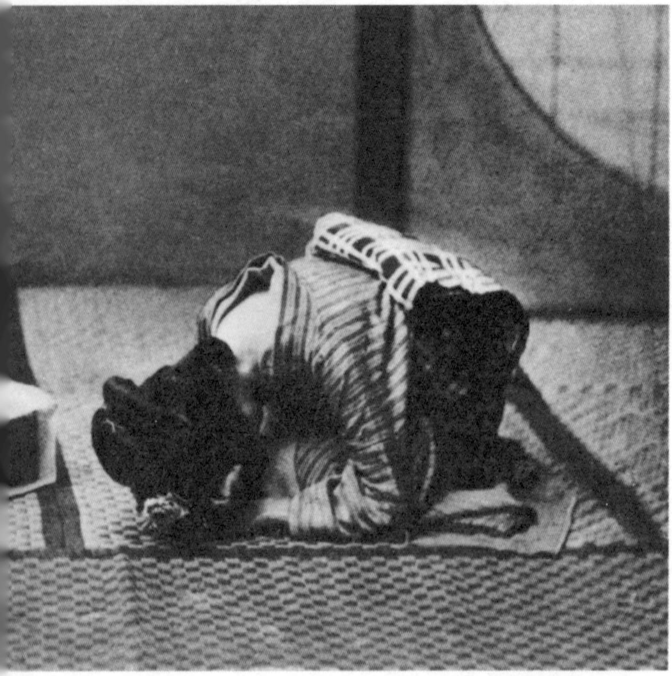

禮物獨立於中間：
不論慷慨，
或是感激，
都碰不到它，
靈魂並未污染它。

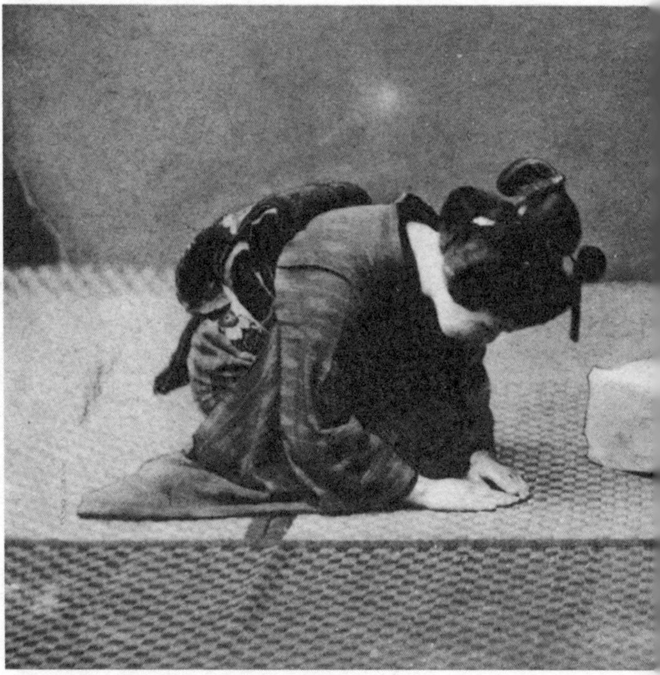

鑰」），只是禮儀網絡的一個特徵，其中沒有任何阻斷、糾結、深刻的東西。「到底是誰在向誰敬禮呢？」唯有這樣提問，才能證明這個禮節的合理，把它導向鞠躬屈膝之禮，不是戰勝意義，而是形成意義的刻寫過程，在我們看來，那種姿態動作太累贅，但又如此克制，使所有的符旨消失了，令人難以想像。佛法一再強調的那句話：「色即是空」[1]。這就是透過禮儀的實踐（這個詞的可塑意義與世俗意義密不可分）所傳遞的訊息，那種互相致敬的禮儀：兩個人彎下去，相互刻寫，卻不是真的卑躬拜倒。我們西方的說話習慣語病很多，因為如果我說，在日本那個國度裡，禮貌是一門宗教，這樣聽起來好像是在說這裡頭有某種神聖之物。這句話得拐個彎來說，應該說：在那裡，宗教不過是種禮儀。也許這樣說更清楚：禮貌取代了宗教。

1 佛家語，出自《般若波羅蜜多心經》：「色不異空，空不異色。色即是空，空即是色。」指世間一切色法（物質）的本性（內在真實）都是空無所有。

第十七章　打破意義

俳句（haïku）[1]有一種滿古怪的特質，我們總是想像自己可以輕而易舉寫上幾句。我們對自己說：有什麼事比寫出這種即興文字更簡單的呢（下列俳句出自與謝蕪村[2]之筆）？

秋夜，
我只想念
父母。

俳句激發欲望：哪個西方讀者沒有夢想過手中帶本筆記簿，漫遊人生，東寫西寫，隨手記下各種「印象」，因文體精短而臻致完美，因文字簡樸而達於深邃（根據一則雙重神話：一方古典，用簡潔來證明藝術境界；一方浪漫，把真理的榮耀賦予即興創作）。俳句雖然簡單易讀，卻什麼都沒說，且由於這種雙重特性，它似乎透過一種特別隨手可得、熱心效勞的方式，向意義敞開雙臂，如一位熱情有禮的主人，帶給你賓至如歸之感，你可以完全保有自身的癖好、價值觀、象徵意義。俳句的「不在」（就像我們談論一顆不真實的心靈、或一位房東出門旅行時所用的詞語）引誘著我們、破壞了意義，一言蔽之，它對意義大大興起了一股貪念，這個意義很珍貴、重要，像財富（機會和金錢）那樣令人垂涎。俳句擺脫了格律限制（在我們的翻譯中如此），要寫多少有多少，廉價，還可量身訂製。人們會說，在俳句裡，象徵、隱喻、寓意教誨幾乎派不上用場，就只有幾個字、一個意象、一種感受。一般來說，這些元素在我們的文學裡總要寫首詩來表達，總要把它延伸一下，或者（在簡潔的文體中）總是帶點精密琢磨的思想成分。簡言之，就是在修辭上下一

1 日本詩體，由排列成三行的五、七、五句式（共十七個音節）組成，淵源於短歌。俳句題材起初局限於客觀描寫自然，讓人聯想到某個季節，喚起意在言外卻生動精準之情感。後來主題範圍擴大，但仍然保有以簡約文字抒發豐富情思、激盪聯想的藝術特色。

2 與謝蕪村（一七一六～一七八四）：江戶中期著名畫家、傑出俳句作家，曾追隨芭蕉路線遊歷各地，大力提倡芭蕉詩風。

一根黃瓜兩條茄，一絲不苟地陳述出來，猶如一首俳句三行詩。

番功夫。此外，俳句似乎帶給西方文學一些自我所不見容的權利，以及西方文學吝於給予的好處。俳句認為，你有權寫一些瑣碎、短小、平凡無奇的東西，把你的見聞、感觸封存在語詞的纖細世界之中吧！你會因此感到興味盎然。你有權建立（由你自身出發）自己的名聲；不論寫的句子如何，都將闡發一種寓意、釋放一個象徵，你會因此變得有深度，只要付出一點小小代價，就可以讓作品變得充實豐富。

西方將一切事物沉浸在意義之中，就像一門獨霸的宗教，強迫全體人民受洗。語言的對象（由言語所構成）顯然成為理所當然的信徒。透過轉喻，語言的第一層意義呼喚出話語的第二層意義，這樣的召喚有一股普遍約束力量。有兩種方法可使話語不會因無意義而受辱，我們會有系統地使語言表述（拚命地把毫無意義的東西填塞進去，語言的空虛在此一目了然）服從這些涵義（或是主動創造出來的符號）中的某一個：象徵與思辨，隱喻與三段論。俳句的主題往往簡單，司空見慣，簡言之，可以接受的（這是語言學用語），俳句進入這兩個意義帝國的其中一個。因為它是「詩」，我們把它歸類在一般情感符號稱之為「詩情」的那種感受中（詩一般對我們來說是「冗長」、「不落言詮」、「敏感」的，統合那些難以分類的情感）。我們會談到「集中的情感」、「真實記錄下來的絕妙一刻」，特別是「寂靜」（對我們來說，寂靜象徵語言的完滿）。如果一位詩人（丈草[3]）這樣寫：

多少人
穿梭秋雨中
在瀨田橋上！

在這首詩的意象中，我們感受到時光飛逝。另一位詩人（芭蕉）寫道：

我自山間小路行來。
啊！這真美妙！
一朵紫羅蘭！

那是因為他遇見一位佛家隱士，「美德之花」，依此類推。所有特點都讓西方評論家投注沉重的意義象徵去分析。我們甚至不惜一切代價，想在俳句的三行詩韻中（三行分別為五、七、五音節的架構）尋得像三段論式的三種時態句法（起筆、懸念、收尾）：

古池塘
青蛙跳進去
喔！水聲。[4]

（在這個獨特的三段句式中，內含元素逼迫自己成立：為了化入意義之中，小框架要跳入大框架）當然，如果我們棄絕了隱喻及三段論法，就不可能評論它們了：想談論俳句，很簡單，直接重複它一遍就行了。正如一位芭蕉的評論者無意間說出來的：

已經四點了……
我起床九次
讚賞明月。

3 內藤丈草（一六六二～一七〇四）：元祿時代重要俳句詩人，松尾芭蕉門人。
4 作者：松尾芭蕉。

評論者說：「月亮實在太美，詩人一次又一次起床，在窗邊望月沉思。」這些破譯、形式、同一句話不斷反覆的解讀之道，在西方是用來刺探意義，也就是說，透過破壞而進入意義——而非搖動它、抖落它，就像禪修者面對公案（koan）[5]時那種反覆咀嚼、思辨荒謬事物的齒牙一般——這種方式仍不免誤解俳句的真義。因為，依此而行的閱讀方法是為了懸擱言語，而不是去挑釁它。俳句大師松尾芭蕉似乎非常清楚這番功夫的困難及必要之處：

他值得讚許
他不認為「人生如露亦如電」
當他看到閃電！

5

禪宗透過自相矛盾的短句或提問，訓練門生修行思考的方法。

第十八章　擺脫意義

整個禪宗持續著一場戰爭，對抗意義褻瀆。我們知道佛教破除一切肯定（或否定）的極端思路，勸告人們不可落入以下四種命題陷阱：「這是A——這不是A——這既是A也是非A——這不是A也不是非A。」但是，這四種可能性符合了結構語言學所建立的完美範例（A——非A——非A及非非A〔零度〕——A及非A〔複雜度〕）；換句話說，佛教的方法正是堵塞意義的方式：意義的奧祕（也就是範例）變成不可能的東西。當禪宗六祖[1]指導弟子練習問答（mondo）時（一問一答的來回練習），為了擾亂範例的功用，他建議弟子們在提出字詞之後，要轉移到與之相反的角度思辨（「如果有人問你一個關於存在的問題，你就用不存在去回答；如果有人問你關於不存在的問題，就用存在去回答；如果又有人問你關於普通人的問題，你就跟他談談聖人賢者，依此類推。」），以此來嘲笑範例的鬆脫無力，並顯出意義的機械特質。我們所著重的（藉由一種思維技巧的精確、耐力、精煉、智慧，來證明東方思想認為要讓意義失效有多麼困難）是符號的建構，也就是分門別類（maya）。雖然特別受到語言分類的制約，俳句希望至少可以得到一種平面語言，其中沒有任何東西建立（在我們的詩文當中必定如此）在重疊的分層意義之上，我們稱之為象徵符號的「層次」。當人們說是青蛙的跳水聲讓芭蕉頓悟禪之真義的時候，我們也許可以認為（雖然這種說法的西方味還是太重），芭蕉在這個聲響中所發現的，的確不是一個「靈光乍現」的動機，也不是一種符號象徵上的神經敏感，而比較像一種語言的終止：語言在某一刻停止了（這種時刻需要無數修練才會出現），而就是這種毫無回聲的斷裂，建立起禪宗的真理以及俳句簡潔、空無的形式。在此，非常直接地否定了思維的「發展」空間，因為並不是要將語言停止在一種沉重、飽滿、深刻、神祕的寂靜之中，或是將它休止在一片靈魂的空無之中——這縷靈魂敞開自身，向著神聖的交流而去（禪裡面是

1　唐代高僧慧能（六三八～七一三），中國禪宗第六祖。幼家貧，賣柴養母，後聞人誦《金剛經》，立志學佛。入五祖弘忍門下。時弘忍年事已高，急於傳法，命弟子作偈檢驗修行成果。神秀作偈曰：「身是菩提樹，心如明鏡台，時時勤拂拭，莫使惹塵埃。」弘忍以為未見本性，不傳衣缽。慧能亦作一偈：「菩提本無樹，明鏡亦非台，本來無一物，何處惹塵埃？」弘忍見後遂傳衣缽。

沒有神的）。提出來的問題，不應該在話語之中或話語結尾之處發展開來；要談論的是黯淡無光的東西，我們唯一能做的，就是去細細思量、反芻，這就是我們建議一個想參悟公案（或是師父說給弟子聽的小故事）的習禪者該去做的事：不是去解決問題，好像它真的有個意義一樣，更不是去觀察它的荒謬（這也是一種意義），而是反覆咀嚼它「直到齒牙動搖」。如此，整個禪宗——俳句只是從中分支出來的文字形式——看起來就像一股龐大的實踐力量，目的是要懸擱語言，切斷這道不斷向我們傳送過來、發自內心的無線電波，它甚至還發送到夢境裡去（或許正因如此，我們不讓坐禪眾打瞌睡）；也是為了掏空、麻痺、抽乾靈魂裡那股不可抑制的喃喃喋喋。或許禪宗稱之為開悟的概念，西方人只能用一些略帶基督宗教色彩的字詞（靈悟、天啟、直覺）來解釋，它只是語言突如其來、令人惶恐的中止，這道空白抹除了符碼對我們的統治，這陣內在頌音破碎了，構成我們的人格。如果這個非語言狀態是一種解放，那是因為，在佛教徒的經驗中，第二層思考（對思考的思考）的增生蔓長，或者說多餘符旨的無限增補——這是一個循環，在其中，語言擁有自身、以自身為模範——看起來像一種凍結、阻礙：反而要藉斬除第二層思考，來打破語言的無限惡性循環。在這些經驗當中，似乎不是要把語言粉碎在那不可言喻的神祕寂靜之下，而是去斟酌它，讓言語的陀螺停止轉動——這顆陀螺在旋轉之間，讓人沉迷於符號替換的遊戲之中。總而言之，遭受攻擊的目標，是做為語義操作的象徵符號。

俳句用我們難以想像的方式，細心處理語言界限，因為它並不是要求精簡（也就是說，縮短符徵，卻不降低符旨的密度），相反地，它甚至要去影響意義的基礎，以讓這個意義不消散、不內化、不含蓄、不脫離，也不會漂流在漫無邊際的隱喻海洋、象徵界域之中。俳句的簡潔並非出於形式的要求，也並非縮減為一種簡短形式的豐富思想，而是一個突然找到適合自己形式的簡短事件。斟酌語言是西方人最不適合做的事，倒不是因為他們創造出來的文字太長或太短，而是因為整套西方的修辭法，讓人們在使用符徵與符旨時，不免分配失衡。不是把符旨「摻和」在符徵喋喋不休的浪潮之中，就是「深化」形式，將它帶往內容的隱晦地帶。俳句的精確度（並不是對真實的準確描摹，而是符徵符旨的和諧一致、消解的邊界、經常超越或穿透語義關係的墨痕及縫隙），顯然含有音樂的因素（意義的音樂，不盡然是聲音組成的音樂）：俳句有著如音符一般的純淨、完美、空靈，也許這就是為何要吟讀它兩次，像回音一樣。這般精緻美妙的語言，你若只讀它一次，那就是將一個特定意義灌注於完美狀態的驚喜、觸點、瞬間感之上；你若多次讀它，那就表示你假設意義必待挖掘，並且要去揣摩那番深刻；在兩者之間，既不獨特也不深刻，那陣回音，只是在意義的無效之下畫出一條線。

第十九章　偶發事件

西方藝術把「印象」轉變為描述。俳句從不描寫什麼，它的藝術精神是反對描寫的，在這情況之下，事物的一切狀態快速、固執、成功地轉化為一種脆弱本質，於是出現了一個嚴格說來「無法持續」的時刻。雖然，事物在其中只是話語，但還是會變成言語，從一種語言轉移到另一種，成為這未來語言的記憶，而且早已存在。因為在俳句中，支配的不只是事件本身：

（我看到初降之雪。
那個早上我忘了洗臉。）[1]

1　作者：越智越人（一六五六～一七三九）。江戶初期詩人，松尾芭蕉門人。

可是，那些在我們看來似乎肩負繪畫、小型圖畫使命的東西——在日本藝術中隨處可見——就像這首子規[2]的俳句：

船上渡公牛
扁舟一葉橫江去
飛穿茫茫夜雨

這首俳句變成（或只是）一組絕對的音調（也就是在禪宗裡，一切事物，不論其瑣碎與否，所承受的東西），一抹在人生扉頁、語言絲綢中迅捷一筆畫下的淡淡摺痕。描寫是西方的一種文類，呼應它的是凝思冥想的心靈，也是神聖敘述形式與福音故事的系統化檢視（在羅耀拉〔Ignace de Loyola〕[3]筆下，沉思的訓練主要在於描寫）；俳句則相反，它展現在一種無主體、無神靈的形上學之中，呼應佛法的無與禪宗的悟，絕不是上帝神光降臨的顯聖，而是「事物面前的覺醒」，將其捕捉成一個事件而非物質，從而抵達語言出現之前的彼岸，很接近探險過程中（偶然出現在語言中，較少在主體中）那抹灰暗色調（一切都引人追憶，並重新塑造）。

一方面是俳句的數量和分散力道，另一方面則是兩者的簡潔與封閉，似乎把世界無限地分離、分類，建構出一方純粹由片段組成的空間、一團事件的微塵，沒有任何東西可以（或應該）因意義無以延續，而凝結、建立、指引、結束，這是因為俳句的時間沒有主體：閱讀中沒有別的自我，只有俳句中經過無數回折射的全體自我，它只是閱讀場所。根據華嚴宗[4]所提出的意象，我們可以說，俳句集結起來的整體是一張鑲滿寶珠的網，在這張網上面，每一顆寶珠都反射出其他寶珠的光芒，珠珠相映無窮盡，永遠沒有一個中心可以抓得住，沒有放射出首道光芒的一顆核心（對我們來說，最能表現這種無動力、無根

2　正岡子規（一八六七～一九〇二）：明治時代詩人，兼擅俳句、短歌、新詩、小說、隨筆各文體，乃一代文學巨匠。

3　聖依納爵·羅耀拉（一四九一～一五五六）：天主教耶穌會創始人。

4　又稱法界宗，佛教宗派，以《華嚴經》為根本典籍。主要教理為「法界緣起說」，認為宇宙萬法、有為無為、色心緣起時，互相依持，相即相入，圓融無礙，如因陀羅網，重重無盡。並用四法界、六相、十玄等法門，闡明無盡緣起之意義。

基、無來由的光源折射遊戲之意象，就是字典，一個字要靠其他字來定義）。在西方，鏡子從本質上來說是一個自戀的物品：人在為了看自己的時候才會想到鏡子。但是東方的鏡子似乎是空洞的，它是符號的空無象徵（一位道家大師如此說道：「聖人的心靈有如一面鏡子，它不抓取，也不排斥；它接受，卻不保留。」[5]）：一面鏡子只是攝取另一面鏡子的映像，這樣無限的反射效應本來即是空（我們知道，「空即是色」）。如此，俳句隱約讓我們想到從來沒遇過的事，我們從中辨認出一種無來由的反覆、一個無起因的事件、一段無主角的回憶、一種無纜以繫的語言。

我於此處談論俳句的這番論調，也可以用來談談在我們稱為日本的這個國度旅行時可能遇上的事。因為在那個地方，在街上、在酒吧裡、在商店裡、在火車上，總會遇上一些事。這些事——從語源學角度來說，是一種冒險——是屬於渺小至極的事物：衣著不協調、文化過時、行為舉止自由無羈、行程安排毫無邏輯，如此種種。一一檢視這些事件將徒勞無功，因為只有當我們在街道的生動書寫中閱讀的那一刻，它們才閃亮耀眼。西方人無法自行讀解它們，總要在其中灌注意義（還用同一種態度面對雙方差距）。其實應該把這些事件寫成俳句（這種語言與我們格格不入）。我們還可以說，這些微小的冒險（一整天點滴累積下來的種種，會激發出某種情欲的沉醉感）從來不會美麗如畫（日本那種如畫美感，對我們來說很陌生，因為它與構成日本現代感的那些特色毫無關聯），也不會天馬行空（絕不會流於冗贅，那會變成敘事或描寫式文章）；這些冒險見聞要讓我們閱讀的（身在其中，我是讀者，而非訪客），是筆直的線條，無痕、無邊、無震顫。在我們那裡，那麼多微小的舉動（從衣著到微笑），都是西方根深蒂固自戀心態的產物，只是過度自信的符號，但這些微小舉止，在日本人身上，卻只是單純用來在街上走路、勾勒出不經意遇見事物的方法：因為姿態上的自信、獨立，與自我肯定（「自滿」）無關，與之相關的，只是事物存在的刻寫模式。如此一來，日本街上（廣泛地說是公共場所）那幅景觀，猶如百年美學風華孕育出來的作品，令人興奮，一切粗鄙庸俗之物在其中全數沉澱、過濾掉。這般景象並不依賴身體帶出的那種戲劇感（某種歇斯底里）而存在，而是再度憑藉這一揮而成的書寫。在此，草稿、遺憾、操作、修改這些東西，都不可能出現。因為線條從書寫者賦予自身的自負形象中解放出來，它不表達什麼，只是存在著。一位禪宗大師

5 語出《莊子內篇．應帝王》，原文如下：「至人之用心若鏡，不將不迎，應而不藏。」

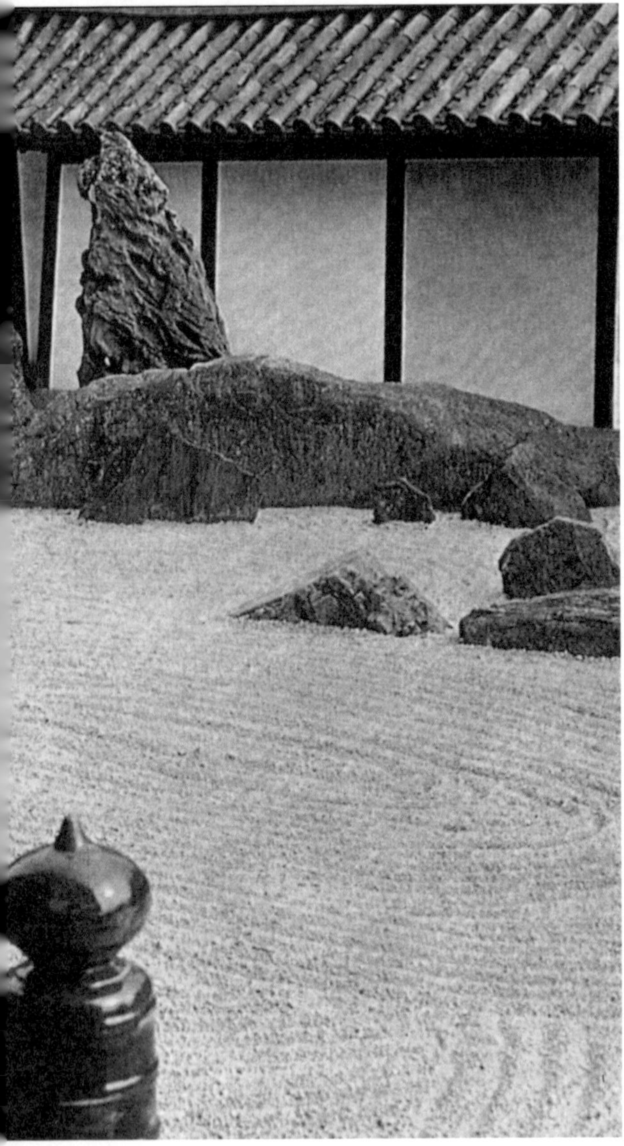

禪之庭：
「無花影，無足跡：
人在何處？
在岩石搬運之間，
在刮耙刷痕之間，
在落筆書寫之間。」

Jardin Zen :
« Nulle fleur, nul pas :
Où est l'homme ?
Dans le transport des rochers,
dans la trace du râteau,
dans le travail de l'écriture.

說過：「當你走路時，盡情地走路；當你坐著的時候，盡情地坐著。切記，勿遲疑！」[6]這似乎就是下列人物以各自的方式要告訴我的事：年輕人騎著單車，手臂舉得高高的，頂端放個托盤，盤上堆滿了碗；或是一位年輕女店員，在百貨公司顧客衝向電扶梯的時候，對著他們彎下腰深深一鞠躬，像一項非常嚴謹的禮儀，化解掉所有奴性；或是玩柏青哥的人，在三個動作中塞入、推擲、獲得鋼珠，一氣呵成，非常協調，猶如一幅畫；或是咖啡館裡的公子哥兒，以一種儀式般的動作（既粗魯又陽剛），瞬間打爆熱餐巾紙的塑膠套，然後在喝他的可樂之前，把手擦乾淨：所有這些偶發事件，就是俳句的基本素材。

6 語出義玄禪師（生年不詳～八六六）：唐代高僧，禪門臨濟宗創立者。弟子輯其言行教誨為《臨濟錄》傳世。

第二十章　這樣

俳句的主要目的是透過一則完美可讀的話語，將意義抽離（西方藝術反對這種矛盾邏輯，因為西方只懂得把話語搞得看不懂，藉以對抗意義），因此俳句在我們眼中，既不古怪，也不親切：它什麼都像、什麼都不像。文字簡單好讀，我們覺得容易、親切、讀得懂、饒富趣味、精緻微妙、「詩意十足」，簡言之，進入一場令人心安的謂語遊戲之中。即便無關緊要，它卻把我們擋住，最終，在我們正要用形容詞去描述它的那一刻，失去了一切，意義中止了。這在我們看來是最奇怪的一件事，因為它把我們言語中最常見的活動——評論——變成不可能了。面對如此詩句，我們該如何評論：

春日微風
船夫嚼煙斗[1]

那這首呢：

滿月明
草蓆上
松樹影[2]

還有這首：

在漁夫家裡
魚乾的氣味

1 作者：松尾芭蕉（見前註）。
2 作者：榎本其角（見前註）。

還有熱[3]

再看看這首（還不是最後一首，類似例子太多了）：

冬風吹拂
貓眼
眨呀眨

這種痕跡（很適合俳句的一個字，因為它就像在時間之流中輕輕劃出來的刀痕）建構了我們可稱之為「不含評論的視野」。這個視野（這字西方味還是太重了）終究是完全否定的，消解掉的不是意義，而是一切的終極觀念：俳句毫無任何特別的文學用處（這些用處本身並無根據）。既然俳句不具太大意義（利用中斷意義的技巧），它要如何教化、表達、分散注意力？同樣地，雖然禪宗的某些教派認為靜坐冥想是為了證悟佛性的一種實際方法，但也有其他派別反對這項結論（顯然是關鍵的），那就是：我們必須「為了打坐」而打坐。那麼寫俳句（正如凸顯日本最現代、最社會生活面的，那千百種猶如書寫的姿勢）不也是「為了寫」而寫嗎？

在俳句中消失的是我們古典（行之有年）寫作的兩個基本功能：一個是描述（船夫的煙斗、松樹的影子、魚的味道、冬風這些意象都沒有經過描寫，也就是說，都沒有伴隨意義、教條，使之成為揭開真理或情感的象徵物：不讓現實產生意義，甚至，現實再也不能支配現實的意義）；另一個是定義，定義不只轉移到姿勢上頭（雖然是書寫般的姿態），它還衍生出事物上某種不重要的——古怪的——繁盛風貌。如同那則很妙的禪宗小故事所說的：禪師為了徵求一個定義的答案而懸賞（題目：「什麼是扇子？」），回答時不能出聲，只能用姿勢來說明功能（「打開扇子」），還要自創一整套反常的奇怪動作（「把扇子合起來、用扇子搔脖子、再次打開扇子、在扇子上放一塊蛋糕、最後獻給師父」）。不描述，也不下定義，俳句（最後，當這一切在面前讓我閱讀時，我會稱之為不連貫的特質，以及日本生活裡的一切事件）自行減縮，只餘指稱事物的作用。俳句說：「就是這個，就

3 作者：正岡子規（見前註）。

是如此，就是這樣。」這麼說更清楚：「這！」運用一種轉瞬之間、簡短的筆觸（沒有擺盪，也不會重來一次），此處，連接詞亦顯多餘，如同對禁忌難言、永遠隔離的定義所滋生的悔疚之情。在此，意義只是光芒的一閃、一抹流痕。莎士比亞如此寫道：「當感覺之光熄滅之刻，一道閃光，揭開了肉眼不可見的世界。」[4] 但俳句的那道閃光，什麼也沒有照亮，什麼也沒有揭開；這是攝影時的那種閃光，人們小心翼翼地拍攝著（像日本人那樣），卻忘了在相機裡裝底片。或是這麼說：俳句（那筆觸）再現了一種指示動作，像小孩子用手指著什麼東西（俳句不會偏好某類主題），只說了聲：「這個！」動作很快（不論在知識、名稱、占有欲方面，毫無任何媒介的間接指涉），用手指到的東西，其實就是把事物分門別類的那種空洞、徒勞。俳句是這麼說的：「沒什麼特別的東西。」這句話符合禪宗精神：事件無法依種類命名，它的特色突然消失中止；俳句像一個漂亮優美的圓圈，繞在自己身上，看起來曾經畫下來的符號痕跡自動抹除了：什麼都沒有得到，語詞的石塊丟拋出去，卻白費功夫。意義不起波紋，也不曾流動。

4 此處為巴特誤植。本段詩句出自英國詩人威廉·華滋華斯（William Wordsworth）（一七七〇～一八五〇）著名長詩《序曲》（*Prelude*），非莎翁所作，特此說明。原文為：When the light of sense goes out, but with a flash that has revealed the invisible world.

第二十一章　文具店

正是在文具店——分門別類匯集了書寫必備物品之地——我們進入了符號空間；正是在文具店，雙手遇見書寫的器具與材料；正是在文具店裡，符號的交流展開了，這種交流，甚至在揮筆書寫之前就已經開始。每個國家都有屬於自己的文具店。美國文具店賣的文具用品豐富、精密、靈巧，這是一間屬於建築師及學生的文具店，這裡賣的東西應該要設法讓顧客輕鬆使用。這樣的構想，是為了讓文具使用者完全不用將自己投入書寫之中，他應該具備的是各種合適的工具，方便他舒舒服服地記錄下一切記憶、閱讀、教學、溝通所需的內容。善加利用這些器具，而不對線條、工具抱持任何幻想。書寫從來不是一件衝動的遊樂之事，工具純粹為其所用。法國的文具店通常掛著黑色大理石製成的招牌，上頭鑲滿金色字體，寫著：「本店創立於一八某某年」。這種文具店還保有那種專供會計員、抄寫員、商業交易使用的氣氛。它的典型產品是公務文書紙冊、法律和書畫用途的複寫本，店主永遠是那些抄寫員，就像布瓦爾與貝庫歇（Bouvard et Pécuchet）[1]。

日本的文具店主要是服務那些表意符號的書寫需要，在我們眼中，它們似乎脫胎自繪畫，其實根本是文字書寫開創了繪畫藝術（重要的是，藝術本就源自書寫，而非只出於情感表現）。日本的文具店為平面書寫、繪畫工具這兩種書寫原始材料，發明出許多形式與特性；相對地，它忽視了書寫記錄的枝微末節，正是這些細節，營造出美國文具店那夢幻的豪華感：在日本，書寫的過程不需要塗塗改改或重新寫過（因為文字乃一筆揮就），也不用發明橡皮擦或其他的修改工具（橡皮擦象徵實指意義，人們很想把它們擦掉，或至少想要減輕或縮減那種豐富感；但在我們對面、在東方那一邊，何需橡皮擦？連鏡子都是空的）。在書寫工具的世界中，一切都導向一種不可逆轉、脆弱的書寫悖論。很矛盾地，這種書寫既是切割，也是滑動：紙張千百種，有些紙面上還清楚看得到磨碎的穀粒、稻草

1 古斯塔夫·福樓拜（Gustave Flaubert）（一八二一～一八八〇）小說遺作《布瓦爾與貝庫歇》（*Bouvard et Pécuchet*）之主角。布瓦爾與貝庫歇是兩位抄寫員，窮畢生之力讀盡一切典籍，最終仍是一場空。為了寫作此書，作者自己也讀了一千五百本書，小說中引用各領域的專門知識，浩瀚淵博，可謂一部百科全書式作品。可惜尚未寫成，作家便告別人世，後人在其手稿中發現一些片段，另輯為《庸見辭典》（*Dictionnaire des idées reçues*）出版。

L'Apparat de la Lettre

華麗的
信紙風格

痕跡，或是壓碎的稻、麥梗紋路，讓人不禁去猜想它們的植物、草葉來源。筆記本每一頁都是兩層貼疊在一起，就像書頁尚未切開的書本，如此一來，書寫就像是在一個豪華的平面上移動，不管會不會褪色，也不在乎書寫時滲透到紙張正反面裡的意義（在紙張的空白處運筆書寫）：擦掉的筆跡成為祕密。這一點，隱跡紙卻辦不到。至於毛筆（在微濕的硯台上沾點墨汁），它自有一套動作，像手指頭一樣。我們古代的鵝毛筆只懂得黏滯和鬆弛，除此之外，就只會在紙上朝同一方向擦擦刮刮，而毛筆卻能滑動、拐彎、向上提，可說是在渾厚的氣韻流轉之中完成運筆。這種毛筆保有肌膚般圓潤滑順的靈活彈性，猶如雙手。源自日本的墨水筆，承繼毛筆的工作，這種筆並非尖頭筆的改良版（尖頭筆由鵝毛筆〔鋼筆或軟骨筆〕演變而來），它直接傳承自寫出表意文字的那種筆。所有的日本文具店都體現這種書寫概念（在每一家百貨公司裡，都有一位專門寫手，在眾人眼前的紅邊長信封上直直寫下禮品寄送的地址），非常矛盾（至少對我們來說），這種觀念在打字機上重新出現。我們西方迫不及待要將書寫轉變成商品，在書寫的時候還要先把文字編排一下；而日本的書寫文字豐繁，不再寫成一排，而是捲在卷軸中。這種書寫方式讓人想到繪畫，表意文字四方揮灑，細膩鑲嵌在紙面上。一言蔽之，刻劃在整個空間之中。如此一來，至少就其潛在意義而言，這種運筆風格延伸了真正的書寫藝術，它將不再是孤獨文字的美學勞動，而是符號破壞，使它奮力一揮、斜拋出去、揮灑滿篇。

第二十二章　寫出來的臉孔

戲劇臉孔不是畫（化妝）出來的，是寫出來的。一個出乎意料的行為發生了：繪畫和書寫原本用的是同一種工具，也就是毛筆，但並不是繪畫誘使書寫走向裝飾風格及賣弄、溫柔的筆觸，使之進入它的表現空間（毫無疑問，我們並未忘記這件事，對我們來說，藝術功用的文明遠景，從來就不只是把美學貴族化）。相反地，是書寫行為征服了繪畫動作，因此，繪畫也不過是刻寫而已。這副戲劇臉孔（在能劇〔Nô〕[1]中戴著面具，在歌舞伎〔Kabouki〕[2]中畫著臉譜、在文樂裡是人造的）由兩種材質構成：白色紙張，黑色墨跡（保留給眼睛）。

白臉的作用似乎不是為了讓肉色失去自然光彩，或是變得像諷刺畫人物一樣（就像我們小丑所用的麵粉和石膏粉，只是為了刺激效果，在臉上亂塗一通），卻只是為了抹除掉原本臉部特徵留下的痕跡，將角色面貌轉變成一大片空白，像一塊黯淡的粗布，沒有一種自然質地（麵粉、麵團、石膏或絲綢）可以透過隱喻的方式，以紋理、柔順質感或反光來活絡臉部表情。臉只是要寫下來的東西，可是這個東西在真正成形之前，已經透過雙手寫下來了。這雙手把眉毛、鼻尖、雙頰扁平的地方塗白，還在肌膚表面戴上一頂緊密得像石頭的黑色假髮。白臉看起來絲毫不天真，反而很沉重、緊密，甚至有點噁心黏膩，像糖粉一樣，同時代表兩種相互矛盾的動作：停止不動（從「道德的角度」，我們或稱之為：冷漠）以及脆弱（或許我們可用同一種說法，但不再那麼貼切，姑且稱為：善感之心）。眼睛和嘴巴並不在臉部平面上，而是刻鑿進去、切開、變成裂縫、規規矩矩地拉長。這雙眼

1　又稱「能」、「能樂」。日本國寶舞台藝術，以配戴面具的主角為中心，搭配伴奏之唱念及奏樂。負責舞、謠等實際表演技巧的是主角、配角及狂言演員；負責音樂伴奏的是樂師，由笛樂師、小鼓樂師、大鼓樂師、太鼓樂師組成。觀阿彌、世阿彌父子乃能劇最重要之拓承者，尤其世阿彌繼承其父藝術成就，以大和猿樂為基礎，廣泛吸取地方民歌、宮廷雅樂、漢詩文素材，集各流派大成，開創「觀世流」之「幽玄」風格。

2　日本古典劇種，與能劇、文樂並稱日本三大國劇。歌舞伎一詞，日語本意為「歌、舞、技能」，集音樂、舞蹈、啞劇於一身，技巧透過演員代代相傳。戲劇內容多為懲惡揚善，反映佛教理想與儒家世俗責任感之間的衝突。表演者畫上奇特臉譜，象徵劇中角色、性格。本劇形式對電影蒙太奇理論及歐洲影壇影響亦深。

睛，讓筆直扁平的眼皮擋著，但是沒有箍綁住，眼睛下方也沒有圓圈支撐著（眼圈是西方臉孔主要的表情價值所在：疲憊、病態、情色），眼睛突然在臉上直接出現，有如書寫的暗黑、空無深處，「墨水瓶之夜」；還有，臉孔好像一張桌布，抽起來之後，貼靠在眼睛的黑淵（不是「幽黯」）深井旁。臉孔縮減為書寫的基本符徵（紙張的空白以及字句插入的縫痕），驅趕掉一切符旨（也就是表現力）：這種書寫其實什麼也沒寫（或者說，只寫下了：沒有東西）；它不僅沒把自身「借貸」（無意間用了一個會計字彙）給任何情感、任何意義（甚至連冷淡無情、缺乏表現感也一樣），而且它也不會模仿任何角色：男扮女裝的人（因為女性角色由男性演員喬裝扮演）並非是一位塗上女妝的男孩，用大量的細緻作工、逼真的手法、

ロラン・バルト氏

遣文化使節として来日した。二十日まで滞在し、その間東大、京大など数カ所で講演を行なう予定である。

人文科学を駆使

バルトの名前は日本ではほとんど知られていない。（処女作「文体＝エクリチュール＝の原点」が森本和夫氏によって「零度の文

しかし、いティックな言トはフランス「問題の」批るだろう。前シュレ論」「ーヌ論」「批論」「批評とこれまでの著

這位西方的訪問講者，在《神戶新聞》引述刊登之後，發現自己日本化了，日本的印刷排版把他的眼睛拉長了、瞳孔塗黑了。

從另一面來看，借用安東尼·柏金斯（Anthony Perkins）的說法，年輕演員丹波哲郎已失去亞洲人的眼睛。我們的臉孔如果不是引文，又是什麼？

華麗的模仿來表演，而是一個純粹的符徵，其底蘊（真理）既不是暗藏的（小心翼翼地戴上面具），也不是偷偷摸摸地註記下來（朝男配角挑逗地瞄一眼，然後像西方的男扮女裝表演那樣，一位看似豐滿的金髮女郎，卻是粗手大腳，最後一定會揭穿那充滿激素的假胸部），就只是消失了；演員的臉部表情並不扮演女人，也不模仿她，而只是象徵她。如果像馬拉梅（Stéphane Mallarmé）[3]說的那樣，書寫是由「概念的姿勢」所構成，那麼此處所談的男扮女裝，就是女性的姿勢，並不是直接抄襲她。依這個道理來看，看一名五十歲的演員（很有名、地位崇高）扮演一位陷入愛河、擔驚受怕的年輕女人，就沒什麼值得注意

3 馬拉梅（一八四二～一八九八）：十九世紀法國詩人，為早期象徵主義詩歌代表人物。

et cela ne se voit pas.

Ils vont mourir, ils le savent

他們即將死去，兩人心中有數，但照片上卻看不出來。

的，換句話說，根本不明顯（這在西方是無法接受的，在西方，反串異性角色本來就不是件好事，沒人認可，因為那違背了情理）。因為青春的風采——跟女性特質差不多——在此並不是一種讓我們瘋狂追求真實的自然本質；符碼的精緻及精確，無視一切器官層面的類似模仿（挑逗一位年輕女郎的真實肉體），其作用——或是說其存在的理由——就是在符徵的微妙折射中，吸收和消除掉所有的女性真實面：女性在此是一種概念（不是一種天性），是透過符號意義象徵出來的，而非表演出來的；這樣的話，就把她帶回那種分類遊戲之中，帶回那種純屬差異的真實之中：西方的男扮女裝演員想變成一個女人，東方演員所追求的，只是把屬於女性的符號組合在一起而已。

然而，在這樣的狀況之下，這些符號很極端，不是因為它們很誇張（我們當然不認為它們是這樣），而是因為它們很有智慧——像書寫一樣，是「概念的姿勢」——它們淨化掉身體上的一切表現力：我們可以說，為了成為打造出來的符號，它們削減了意義。如此，便解釋了符號與冷淡無感（我們已經說過，這個字不恰當，因為它含有道德和表現的成分）兩者的結合，此乃亞洲戲劇的重大特色。這觸及了某種面對死亡方式的問題。去想像並製造一副臉孔，一副並不冷漠、麻木的臉孔（這仍是一種意義），好像是從水中浮出來的，意義已沖洗掉了，此乃一種回應死亡的方式。看看這張一九一二年九月十三日的照片（見頁一九一）：照片上是乃木希典將軍[4]（他曾率軍在旅順擊敗俄國人），這是他與妻子的合影。他們的天皇剛剛駕崩，於是兩人決定第二天自殺，所以，這時他們心裡有數。乃木將軍的面貌消掩在他的鬍子、軍帽、配飾當中，幾乎看不到表情；但是他妻子的臉部表情卻一覽無餘：冷淡？愚蠢？村婦？尊嚴？如同反串演員，沒有任何形容詞可以描述她，謂語驅散掉了，不是出於死亡近在眼前的那股莊嚴感，正好相反，是因為死亡的意義（或是說，死亡做為意義）架空了。乃木將軍夫人決定讓死亡成為意義，她將與死亡同時化歸於無，所以，既然透過臉部表現出來，那就不需要再把它「說出來」了。

4　乃木希典（一八四九～一九一二）：明治年間日本名將。日俄戰爭中於旅順大敗俄國人，日人奉為軍神。曾任臺灣總督。一九一二年明治天皇崩殂，乃木切腹殉死，其夫人亦割頸自盡。

第二十三章　百萬人體

一個法國人（除非他在國外）無法幫法國人的臉孔分類。毫無疑問，他當然能察覺出一般人的臉孔，但他抓不住這些反覆出現臉孔的抽象感（由他們歸屬的階級所形成）。他同鄉的身體在日常生活中消失無蹤，是一種無法連結上任何符碼的語言；對他來說，那些似曾相識的面孔，沒有任何知識價值；對他來說，美麗——如果真讓他遇上——從來不是一種追求的本質、顛峰或完成，抑或是族類中清晰可見的成熟果實，它只是一種巧合，原本的平庸突然提升了，與千篇一律的樣貌區別開來。相反地，這個法國人如果在巴黎看到一位日本人，將會以出於種族差異的純粹抽象角度觀察他（假設他不單只是把日本人看成亞洲人），在這些不常見到的日本人身體之間，他無法察覺任何區別。何況，一旦他把日本民族統合成單一類型，他就會大肆談論，把這種類型與他對日本人的文化印象連結起來。會形成這種文化印象，甚至不是受到電影的影響，因為電影所呈現的，只是一個

日本進入了西方文明的蛻變期：它失去了自身的符號，就像我們失去了頭髮、牙齒、皮膚；日本文化從象徵意義層面（空虛的）轉移到溝通交流層面（大量的）。在這裡我們看到兩隻迷人的老虎，兩位流行歌手（像我們在明信片、日曆及自動點唱機上看到的老虎一樣）。

個過時的人物角色，像農夫、武士一類的人，與其說這些角色屬於「日本」，不如說他們是「日本電影」的產物。文化印象之形成，非關電影，反而來自一些新聞照片、時事影像；這樣的日本人原型看起來還滿悲慘的：身形瘦小，戴著眼鏡，看不出年紀，衣服穿得規規矩矩，一身灰暗，一名群居社會中的小小員工。

在日本，一切都變了：異國符碼表現出來的虛無與滿溢——當一個法國人面對外國人的時候，完全無能為力（雖然是異國之人，卻也看不出來哪裡奇怪）——全面投入一套嶄新的辯證法之中：言詞與語言、系列與個體、身體與族群（我們的確可以說這是一套辯證法，因為當你初抵日本，這個國家在瞬息之間、強烈展現於你眼前的樣貌完全改變，由質轉量，小小員工變成豐富的多元景觀）。這項發現令人驚嘆：街道、商店、酒吧、電影院、火車，翻開一本巨大字典，內藏千萬臉孔、輪廓，在其中，每個身體（每個字詞）要表達的只是自身，卻又指向一個種類。如此一來，人們便同時擁有邂逅相逢時的喜悅（伴隨著脆弱與獨特感）及人物典型的啟示（如貓一般柔媚的人、農夫、像蘋果一樣圓圓胖胖的人、野蠻人、拉普蘭人〔le lapon〕[1]、知識分子、無精打采的人、愛做白日夢的人、滿面春風的人、愛好沉思的人），這是一股智識上的狂喜泉源，因為不可掌握的東西掌握住了。深深浸淫在這個擁有上億人體的民族之中（比起計算「靈魂」數量，我們比較喜歡計算身體的數量），人們避免了形形色色臉孔帶來的加倍平庸感，這種平庸最終只是單一階層的純粹重複罷了（就像那位身處同胞之中的法國人一樣），一切區別都殘缺不全（就像那位日本小小員工一樣，我們想像在歐洲看到他）。然而，在此，如同在其他語義組合中一樣，這個系統在逐漸消退、淡出時才顯現價值：某個類型很明顯地存在，可是代表它的那些個體卻不曾並肩而現。每一個人群所在的公共場所向你揭開面貌，就像在句子裡面，你在其中捕捉特殊卻熟悉的符號，捕捉那些新奇、但也許千篇一律的身體。在這個場面當中，兩個懶人從來不會與兩個滿面春風的人並存，然而，兩者交織出一種認知：刻板印象在此行不通了，但可理解的事物卻保留下來。或者是——這是符碼的另一種逃逸——我們發現了意料之外的組合：野蠻人與女性、平滑與散亂、花花公子與學生，種種類型巧妙的重合了，在這個系列中創造出全新的發展可能，以及既清晰、又源源不絕的岔路。人們會說，日本在物品和身體上，施加同等的辯證思維：看看那些百貨公司的貨架排列，樣式繁多、五花八門，但絲毫不會雜亂無章、破壞秩序。再說說俳句：日本歷來到底寫出了多少俳句？這些俳句都描寫同樣的主題：四季、植物、大海、村莊、天地輪廓。然而，每個主題都以自己的方式，成為不可取代的事件。也許再談談表意符號：它們無法在邏輯上分類，因為這些符號迴避了一個隨機、卻受限的語音規範，正因如此，它們容易記住（字母），然而，卻在字

1　正確名稱為薩米人（Sami），挪威北部、瑞典、芬蘭和俄國科拉（Kola）半島北部原住民，歐洲僅存之遊牧民族。

典裡分類編排。在字典裡面——身體愉悅地存在於書寫與分類之中——決定符號如何分類的，是畫出這些表意符號所需姿勢的數量與次序。身體亦然：所有的日本人（而不是亞洲人），形成一個普通的身體（但不是一個整體的身軀，如我們西方所猜想），那是不同身體共存的廣大部族，每個人都代表某種類型，井然有序地奔向一個永無止盡的範疇之中。一言蔽之：在最後一刻，像一個邏輯系統那樣敞開。這類辯證法的結局——或賭注——如下：日本人的身體直達個體極限（像禪宗大師發明出一個荒唐、把人難倒的答案，用以回應門生提出的、既嚴肅又平凡無奇的問題），但這種個體性無法用西方觀點理解，它完全不會歇斯底里，其目的並不在於把個體變成一個有別於其他身體的原始身軀，藉這股推銷自己的狂熱，觸動整個西方，進而大獲全勝。在此，個體不是封閉、不是戲劇、不是超越，亦非勝利。它單單只是一種差異，沒有特權，由一個身體折射到另一個身體。這就是為什麼，美麗無法在此用西方那種難以接近的特異來定義：它一下出現在這兒，一下又在那兒，從一個差異奔向另一個差異，分布在身體的龐大群集之中。

第二十四章　眼瞼

構成表意文字的那些特點，乃是依循某種任意又規則的秩序揮就而成。一條線始於飽滿的筆鋒，收束為一個短小尖端，在落筆最後一刻，走勢一變，轉了個彎。我們在日本人的眼睛裡，可以再次看到這種壓痕軌跡。我們可以想像成一個善於剖析的書法家，把他遒勁的筆鋒落在眼睛裡的一處角落，輕輕一轉，只需一筆，就像一筆畫那樣，用橢圓線條劃開臉龐，然後，手腕飛快一轉，在鬢角的地方收筆。筆勢完美，因為它簡單、迅速、瞬間完成；筆法卻老練，就像人窮盡一生方能練就的功夫：瀟灑一筆下去，就畫成漂亮圓圈。如此，眼睛就包含在眼瞼的上下平行線及邊緣的雙曲線之間（倒過來的），可說像是樹葉切開後的痕跡，又像是畫出來的、橫著放的一個寬大逗點。眼睛很扁平（這是它的奇蹟），不會凸出來，也不會凹陷下去，沒有贅肉、沒有眼袋，更可說是沒有皮膚，而且是光滑表面上一道光滑裂紋。瞳孔緊縮、脆弱、靈活、充滿智慧（因為裂縫上方的邊

Par-dessous la paupière
de porcelaine,
une large goutte noire :
la Nuit de l'Encrier,
dont parle Mallarmé !

在陶瓷般的眼瞼下面，是一滴大黑珠：
正是馬拉梅所說的「墨水瓶之夜」。

線遮斷、阻絕了這顆眼睛，也因此，這眼睛好像藏納著一抹內斂的沉思味、一絲多出來且刻意保留下來的智慧，不是藏在目光後方，而是在它上方）。瞳仁完全沒有像西方人的體態結構那樣，因為眼眶而變得有戲劇感，在裂縫中，眼睛自由無拘（填滿縫隙，瀟灑而敏銳）。西方人說這是單眼皮，實在大錯特錯（顯然出自種族中心論）。任何東西都抓不住它，因為它不是刻印在骨架中，而是刻寫在皮膚上，占有整個臉孔的空間。西方人的眼睛臣服於整個心靈的神話模式，擁有集中、祕密的特質，那蓄藏在眼窩裡的火焰，向著那肉欲、感官、激情的外部噴射出來。但日本人的臉孔不分道德階級，它甚至是活躍、生動的（與傳說中東方的莊重呆滯相反）。因為我們無法「深層」閱讀它的生理結構，換言之，根據一種內在軸心來檢驗，它的模樣不是雕刻式的，而是書寫式的：它是一塊有彈性、脆弱、緊密交織的布料（應屬絲綢一類的材質），簡單來說，就像用兩條線飛速寫就。「生命」並不存在雙眼的光芒之中，而存在於平面與裂縫的坦誠關係中，存在於那種分離、差異、切劃法之中，這些可說都是歡愉的空無形式。昏昏倦倦地進入夢鄉（我們可在夜歸的火車、地鐵上，觀察到人人臉上這種表情），不用什麼生理構造因素，只要透過一個小小手法：沒有那層皮，眼睛不會看起來很「沉重」；它只是往來於面孔上設計過、有層次的整體之間，一層一層展現在臉龐之上：雙目低垂、緊閉、「睏倦欲眠」。一條封閉線又閉合在無止盡垂落的眼皮上。

第二十五章　書寫暴力

當我們說全學聯（Zengakuren）[1]的抗爭是經過組織的時候，所牽涉的就不只是一套策略上的預防措施（當我們開始這樣想的時候，就已經跟騷亂的迷思相互矛盾了），而是對行動的書寫，刪去了西方的暴力本質特點：自發性。在我們西方的神話模式中，人們常懷著對文學、藝術同等的成見看待暴力，我們可以想像它具備了這些功能：頂多表達深層事物、展現內在本質及天性。暴力也許是達成目標的首選語言，它野蠻、不成系統。毫無疑問，我們想像可以將暴力導向既定目標，將它轉變為思想工具，但這從來都不單只是馴服那股先行、非常原始的力量而已，全學聯的暴力行徑，並非發生在他們的策畫之前，而是兩者同時出現，立刻變成符號：什麼都沒表達（沒有仇恨、沒有憤怒、沒有道德意念），反而在轉移掉的目標中（襲擊市政府、衝開鐵絲網）毀了自己。然而，效率並非衡量的唯一基準，一個純粹的實際行動把象徵符號獨立出來，又不追究下去：人們借題發揮，卻又讓它絲毫不沾（就像士兵的處境）。儘管全學聯的暴動是操作出來的，總不失為一場符號的大搬演（人們要觀看的是行動）。這種書寫的筆法，比那些盎格魯撒克遜人對效率面的預期冷漠表現來得多元。這些特徵不連續、排列整齊、有條不紊，不為了代表什麼東西，而好像是想要了結（在我們看來）那種臨時起意的騷動神話，以及由「自發」的象徵所賦予的自足感：請看一件色彩範本——藍、紅、白三色頭盔——這三色與我們的國旗顏色排列不同，非關歷史。行動是有句法的（推翻、根除、拉扯、塞滿），像一個毫無詩意的句子，卻不像一股靈感的噴湧。在此，這種行為象徵時間的終止（規律地跑離現場，到後方休息，形成一種無拘無束的輕鬆感）。這一切結合起來產生一種大眾、不只是一群人的書寫（姿勢自行完成，人們沒有互相幫助）。最後，也是這個符號最大膽之處：有人認為戰鬥者複誦的那些口號，不應該說出行動原因及目的（人們是為了贊成或反對之事而戰）——這樣會使語言再度成為表明理由的方式、行使正當權力的保證——而應該只

1　全名為「全日本學生自治會總聯合」。日本著名學生組織，創立於一九四八年，曾多次參與學運、社運。

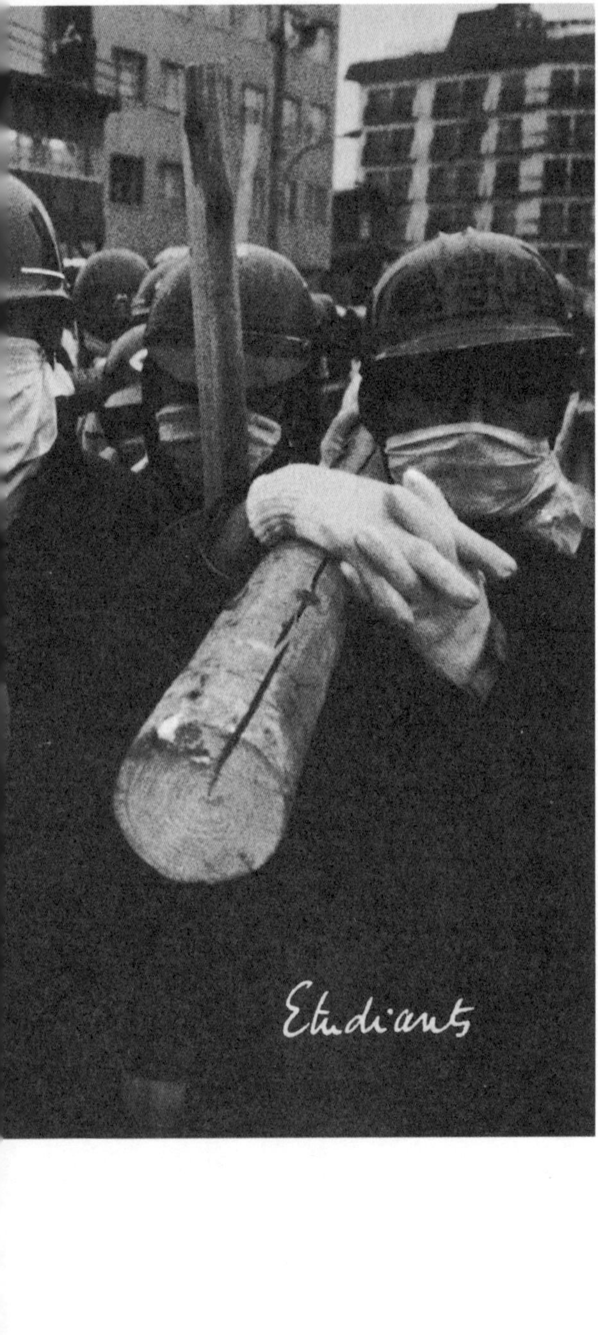

學生

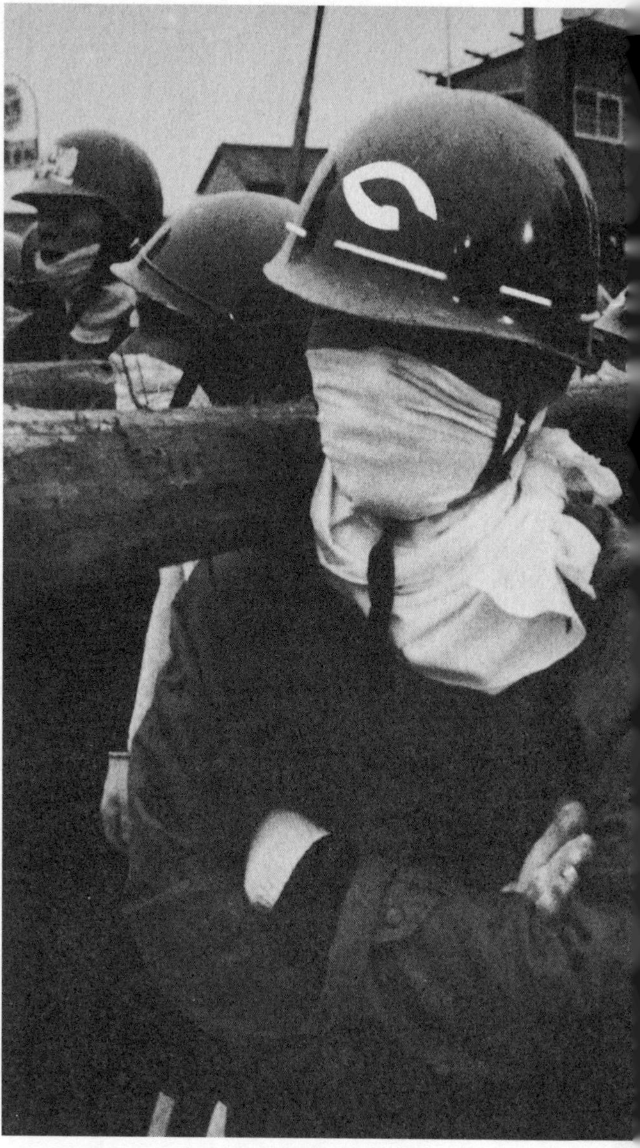

樑榫

說出行動本身（「全學聯將抗爭到底」）。因此，行動再也不用依賴語言鞏固、遮掩、引導方向：讓自己變得純真無邪——那種外在的神聖面貌超過戰鬥本身，就像一位頭戴飛尖帽（bonnet phrygien）[2]的馬賽女人——配上純粹的聲音操作，行動感加倍，卻只是在暴力的容納空間之中，增加一抹姿態，讓它多一塊肌肉。

2 俗稱弗里吉亞帽，又稱自由之帽，一種圓錐形軟帽，帽尖前彎，紅色乃其典型色彩。歐洲曾流行一種說法，在古代，獲釋的奴隸會佩戴此帽，從此它便象徵解放，在法國大革命中，亦成為自由標誌廣為流傳。

第二十六章　符號小屋

不論在這個國度的哪個角落，都會出現一種特別的空間組合：在旅途中（在街上、坐火車漫行郊區、翻山越嶺），我察覺到遠山和大塊美景連成一氣，田野一方方並列在一起（就其鄉野及視覺意義而言），斷斷續續又開放舒展（一座座茶園、一片松樹林、一簇簇淡紫色的花、一排黑色屋頂、小街窄巷阡陌縱橫、低矮的房舍不對稱地排在一起），沒有圍牆（就算有也是低低的），而且地平線（和那幻夢般的殘痕）也不會把我包圍在裡面，沒有熱切欲望想要深吸一口氣，抬頭挺胸來證明我的自我，使自己變成一個中心點，化入無限天地。就在證實空無界限的確存在之刻，我自由自在、無拘無束，脫離那宏大的概念和形而上的解釋。

從山坡到街角，盡成居處，而我總是身在這個居所最豪華的那一間房。這般奢華（在別處，奢華指的是亭台、走廊、遊樂場、畫室、私人圖書館）來自於：此地除了引起生動

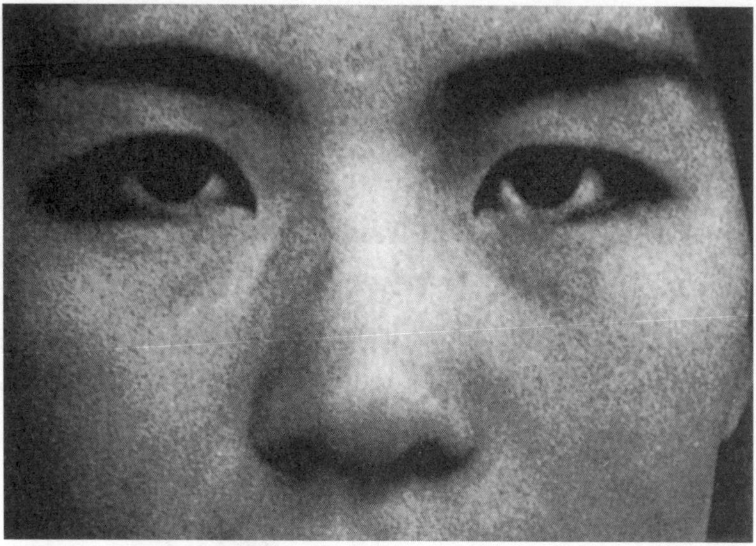

只是眼睛，不是眼神；只有裂縫，沒有靈魂。

感受的事物及繽紛多姿的符號（花朵、窗戶、葉叢、圖畫、書籍）之外，毫無其他限制。限定空間的不再是那堵連綿不絕的高牆，而是環繞著我那片零散的抽象景觀（「視野」）。文字銘刻在牆上，高牆因而坍毀；體積細小的礦物質圖毯（小石頭、白沙上的耙痕）構成了庭園。公共場所乃是一系列轉瞬即逝的事件，引人注目，那樣生動耀眼，又如此細微，符號在任何符旨來得及「捕捉」之前，就把自己銷毀了。人們會說，古老的技法讓風景或景色在一種純粹的意義之

無任何占有欲，也無任何供奉之物。

中形成，這個意義突然出現，空盪盪的，像道裂口。這就是符號帝國嗎？是的，如果我們認為這些符號是空的，儀式裡也沒有神祇，那就是了。看看這間符號的小屋（曾經是馬拉梅式住所），也就是說，在那裡，所有都市、居家及鄉村的視野。而為了更了解它的形成過程，不妨以式台之間[1]的廊道為例：牆壁四周由鏤空孔洞裝飾著，內部空蕩蕩的，所以等於沒有裝飾，當然這也是點綴的方法，但如此一來，就移除了那種圖案彩繪（上有花木鳥獸），昇華了，跟前方的視域離得很遠，每個角落都可以擺家具（家具這個字很矛盾，因為它本來是指幾乎不能移動的器物，人們盡力維護它，讓它可堪久用：對我們來說，家具的天職就是要固定不動，可是在日本，房屋常常解構，幾乎就只是一件可移動的物品）。在式台之間的廊道裡，正如在一間理想的日式房子裡那樣，家具全數撤走（或零星、稀疏地隨便擺幾個），沒有地方可顯出一丁點所有權的意味，沒有座位、沒有床、沒有桌子、沒有東西能夠讓身體成為空間的主體（或主人），這一切把中心排斥掉了（這嚴重打擊了西方人，因為在西方的房子裡，到處放滿陳設：他有扶手椅、有床，他是居家空間的擁有者）。失去中心點，這個空間可以倒過來看：你可以把式台之間的廊道上下顛倒，什麼事也不會發生，只是上下左右反過來而已，

1　位於京都二條城，城中二之丸御殿內部空間之一。

其餘無異，內容已消解，一去不回。不論我們經過、穿過去，還是坐在地板上（如果把景象倒過來，那就變成坐在天花板上），什麼也抓不住。

近乎微笑

圖片目錄

頁90　橫井也有（一七〇二～一七八三）。《採菇圖》（*Kinoko-Gari*）。水墨畫。（31.4 × 49.1 公分）。蘇黎世海恩茲．巴許（Heinz Brasch）收藏。（葛利維爾〔A. Grivel〕攝影，日內瓦）

日本人在採集香菇時，會像畫中那樣，手持蕨莖或麥梗，把香菇串在上面。這是一幅俳畫，每張畫搭配一首俳句——由三句詩構成的極短詩篇：

他起了貪念
目光下移
盯著香菇

頁96　細繩簾（Nawa-noren）。某屏風右半側。以中國墨為材、金箔紙為底繪成。江戶初期，十七世紀中。（159.6 × 90.3 公分）。東京滝原收藏。

頁98　在玩柏青哥的人們。（東京座石寶刊行會攝影）

頁104、105　東京地圖。十八世紀末至十九世紀初。尼可拉．布維耶收藏，日內瓦。

頁107 東京新宿區地圖：酒吧、餐館、電影院、百貨公司（伊勢丹）。

頁108 路線圖。

頁108 畫在名片背面的路線圖。

頁112、113 相撲選手。（作者自藏）

頁118 酒桶。（照片來自丹尼爾·哥迪〔Daniel Cordier〕，巴黎）

頁121 蓮月尼（一七九一～一八七五）。《茶壺》（茶瓶〔Chabin〕）。水墨畫。（29.5 × 56.2 公分）。蘇黎世海恩茲·巴許收藏。（葛利維爾攝影，日內瓦）

嚴格說來，這張畫並不是一張俳畫，因為搭配畫作的詩句並非俳句，而是由五句詩構成的短歌（tanka）。不過，短歌卻非常能夠代表這種藝術的精神。在這首詩中，蓮月尼歌頌了水以及水在茶道中的重要地位。京都近郊的宇治，出產日本最上等的茶葉：

把水舀起
流經宇治的水啊
世上獨一無二
像那山楂花
深厚的香氣

頁124、125 式台之間廊道。京都二條城，建於一六〇三年。

頁128、129 歌舞伎演員（幕前風采與幕後生活）及他的兩位兒子。（作者自藏）

頁130 茶道大師花藝布置。取自三齋細川忠興（一五六三～一六四五）所著《細川三齋茶書》。京都重森三鈴收藏。（東京美術出版社攝影）

頁131 寶誌禪師像。唐朝初期（平安時代末期）中國僧人。京都國立博物館。（東京座石寶刊行會攝

影）

頁132　書法大師揮毫之姿。（尼可拉・布維耶收藏，日內瓦）

頁145　橫濱港邊一景。取自《圖解日本》（*Japon illustré*），菲力湘・夏雷（Félicien Challaye）著，拉魯斯出版社（Larousse），巴黎，一九一五年。（Underwood攝影，倫敦、紐約）

頁148、149　贈禮時刻。取自《圖解日本》。（同前書）

頁154　作者不詳（推估為十六世紀中期人士）。《茄子與黃瓜》（*Nasu Uri*）。北齋畫派（北方畫派）風格。水墨畫。（28.7 × 42.5 公分）。蘇黎世海恩茲・巴許收藏。（莫里斯・巴貝〔Maurice Babey〕攝影，巴賽爾）

頁170、171　京都東福寺庭園，建於一二三六年。（福井朝日堂攝影）

頁182、183

一名準備寫信的女子。

一位日本友人寄給我的明信片背面。正面模糊難辨：我無法得知這位女人是誰、她是描繪出來的還是化妝出來的、她要寫些什麼。失去了可供辨認書寫的來源，這張圖片在我眼中是一種既奢華又收斂的象徵物。（羅蘭・巴特）

頁188、189

《神戶新聞》剪報、演員丹波哲郎照片。（作者自藏）

頁190、191

乃木希典將軍與夫人最後留影，攝於自殺前日。一九一二年九月。取自《圖解日本》。（同前書）

頁195

月曆插圖中的年輕歌手照片。（作者自藏）

頁198、199

東京淺草寺之淺草御輿行列。（三社祭，於每年五月十七、十八兩日舉行）

頁202、203

觀賞「紙偶故事」（guignol de papiers〔法文〕；紙芝居〔日文〕）的男孩、女孩。一名職業說書人以他的單車置物架為基底，在街角擺設紙偶戲台（人物都是用畫的），一旁放幾個大瓶子，裡面裝滿糖果。一九五一年於東京。（韋納・畢修夫〔Werner Bischof〕攝影）

頁208、209

東京反越戰學生示威。（布魯諾・巴貝〔Bruno Barbey〕攝影，巴黎馬格蘭圖片社〔Magnum〕）

頁210

樑椽一角。

這張照片以及酒瓶的照片，皆來自丹尼爾・哥迪個人收藏，我在此向他致謝。（羅蘭・巴特）

頁213

臉孔。（尼可拉・布維耶攝影，Artephot攝影社）

頁214

日本稱為凹間（床の間，tokonoma）的折入空間，用以陳列畫卷、花卉、書法等藝術作品，拉窗開閉，平衡了空間與光線配置。（韋納・布拉傑〔Werner Blaser〕攝影，巴賽爾）

頁217

演員舟木一夫。（作者自藏）

英（法）中名詞對照表

Air France	《法國航空》
Alla prima	直接法
Aristote	亞里斯多德
Benjamin Lee Whorf	班傑明・李・沃爾夫
Bertolt Brecht	貝爾托・布萊希特
Bonnet phrygien	飛尖帽（弗里吉亞帽）
Bouvard et Pécuchet	《布瓦爾與貝庫歇》
Bunraku	文樂
Carême	四旬期
Charles Baudelaire	夏爾・波特萊爾
Chinook	齊努克語
Denis Diderot	德尼・狄德羅
Edward Sapir	愛德華・薩丕爾
Frenhofer	風鷗飛
Garabagne	卡哈邦

Haïku	俳句
Honoré de Balzac	歐諾黑・德・巴爾札克
Hopi	河比語
Ignace de Loyola	聖依納爵・羅耀拉
Ikebana	花道
Kabouki	歌舞伎
Koan	公案
Le chef-d'œuvre inconnu	《不為人知的傑作》
Le lapon	拉普蘭人
Le polichinelle	邦奇
Le rameau de Salzbourg	《薩爾茲堡的樹枝》
Marcel Granet	馬塞爾・葛蘭言
Marcel Proust	馬賽爾・普魯斯特
Mondo	問答
Nô	能劇
Noms de Lieux	《地名篇》
Nootka	努卡語
Piero della Francesca	比侯・德拉・法蘭西斯卡
Pierre Loti	皮耶・羅狄
Princesse de Parme	帕爾瑪公主
Revue Asiatique	《亞洲雜誌》

Sashimi 生魚片
Satori 開悟
Shamisen 三味線
Steak tartare 韃靼牛排
Stéphane Mallarmé 史戴方・馬拉梅
Sukiyaki 壽喜燒
Tempura 天婦羅
Voltaire 伏爾泰
William Shakespeare 威廉・莎士比亞
Zengakuren 全學聯（全日本學生自治會總聯合）

國家圖書館出版品預行編目資料

符號帝國 / 羅蘭.巴特(Roland Barthes)作 ; 江灝譯. -- 二版. -- 臺北市 : 麥田出版 : 英屬蓋曼群島商家庭傳媒股份有限公司城邦分公司發行, 2024.09
面； 公分. -- (時代感 ; 3)
譯自 : L' empire des signes
ISBN 978-626-310-492-1(平裝)

1.CST: 文化 2.CST: 符號學 3.CST: 日本

541.263 112009261

時代感 03

符號帝國

L'empire des signes

作　　者／羅蘭・巴特（Roland Barthes）
譯　　者／江灝
導　　讀／詹偉雄
策畫主編／李明璁
責任編輯／葉品岑、林怡君（初版）、林虹汝（二版）
校　　對／吳惠貞

總 編 輯／劉麗真
第三事業群總經理／謝至平
發 行 人／何飛鵬
出　　版／麥田出版
城邦文化事業股份有限公司
台北市南港區昆陽街16號4樓
電話：(02) 25000888　傳真：(02) 25001951
部落格：http://blog.pixnet.net/ryefield
發　　行／英屬蓋曼群島商家庭傳媒股份有限公司城邦分公司
台北市南港區昆陽街16號8樓
書虫客服服務專線：02-25007718・02-25007719
24小時傳真服務：02-25001990・02-25001991
服務時間：週一至週五09:30-12:00・13:30-17:00
郵撥帳號：19863813　戶名：書虫股份有限公司
讀者服務信箱E-mail：service@readingclub.com.tw
歡迎光臨城邦讀書花園　網址：www.cite.com.tw
香港發行所／城邦（香港）出版集團有限公司
香港九龍土瓜灣土瓜灣道86號順聯工業大廈6樓A室
電話：(852) 25086231　傳真：(852) 25789337
E-mail：hkcite@biznetvigator.com
馬新發行所／城邦（馬新）出版集團【Cite(M)Sdn. Bhd】
41, Jalan Radin Anum, Bandar Baru Sri Petaling,
57000 Kuala Lumpur, Malaysia.
電話：(603) 90578822　傳真：(603) 90576622
電郵：cite@cite.com.my

封面設計／覓蠹工作室 廖勁智
印　　刷／漾格數位股份有限公司

■2014年10月初版
■2024年09月二版

Printed in Taiwan.

定價：390元　港幣：130元
ISBN：978-626-310-492-1（紙本書）　ISBN：978-626-310-495-2（EPUB）